Jean Nouvel

Olivier Boissière

Jean Nouvel

TERRAIL

Immeuble Cartier, Paris, France
(illustration de couverture).

Cartier-Gebäude
(Titleseite).

Cartier Building
(Cover Illustration).

Recherches sur la lumière,
trames et filtres (page précédente).

Studien über licht, Raster, Filter
(Frontispiz).

Exploring light effects, grids, filters
(overleaf).

Direction éditoriale : Jean-Claude Dubost et Jean-François Gonthier
Conception et réalisation graphique : Bruno Leprince
Conception de couverture : Gérard Lo Monaco et Laurent Gudin
Responsable d'édition : Aude Simon
Collaboration éditoriale : Malina Stachurska
Traduction allemande : Inge Hanneforth
Traduction anglaise : Murray Wyllie
Composition : Graffic, Paris
Photogravure : Litho Service T. Zamboni, Vérone

© FINEST SA / ÉDITIONS PIERRE TERRAIL, PARIS 1996
La filiale Livres d'art de BAYARD PRESSE SA
N° d'éditeur : 149
ISBN 2-87939-105-9
Dépôt légal : octobre 1996
Printed in Italy

Sommaire

Conquistador

Humbles ou ostensibles, toutes les activités humaines ont leurs aspects ou leurs moments sublimes. Leur fournir un abri nécessaire pourrait n'en constituer qu'une autre, triviale et accessoire. Les hommes ne l'ont pas entendu ainsi. De toute éternité, l'architecture appartient à la pléiade des arts. Hegel en fait même le premier d'entre eux. C'est, il est vrai, le plus public : nulle de ses productions ne saurait échapper au regard ni au jugement. Dépendante d'autres sphères – la technique, l'économie, la culture, la nécessité d'une société –, l'architecture en est aussi l'expression la plus immédiate, la plus répandue, la plus fatale, la plus vraie sans doute. Au cours des siècles, les architectes, les « hommes de l'art », auront tenu une place singulièrement en vue. Dans un XXe siècle soumis à une médiatisation galopante, ils se sont trouvés en proie aux plus grands honneurs et à la critique la plus sévère, à la reconnaissance éblouie et l'incompréhension la plus obscure, l'une ne précédant pas forcément l'autre. Ce qui n'est pas étranger au clivage qui s'est creusé entre les uns, professionnels modestes et sans histoire, et les autres, explorateurs audacieux offerts à l'adulation ou à la vindicte publique.

Encore faut-il distinguer parmi les derniers. Il y a les héros : ils sont voyants, histrions, polémistes, hâbleurs et contradictoires ; ils se battent avec les moulins, font le cheval de Troie et le cheval de fiacre (*without money*) ; ils courti-

Alle menschlichen Aktivitäten, ob bescheiden oder zur Schau gestellt, haben erhabene Aspekte oder Momente. Sie schützen zu wollen, würde nur Belangloses und Nebensächliches hervorbringen. Das aber will der Mensch nicht. Denn von jeher gehört die Architektur zur Plejade der Künste. Für Hegel steht sie sogar an erster Stelle. Sicher ist, daß sie zu den bekanntesten gehört: Alles, was sie hervorbringt, wird begutachtet und beurteilt. Von anderen Bereichen – der Technik, der Wirtschaft, der Kultur, den Bedürfnissen einer Gesellschaft – abhängend, ist die Architektur ein Ausdrucksmittel, das direkter, verbreiteter, fataler und auch natürlicher als alle anderen ist. Über die Jahrhunderte verfügten die Architekten, die „Männer der Kunst", über einen besonders angesehenen Platz. Im 20. Jahrhundert mit seiner galoppierenden Mediatisierung wurden sie sehr geehrt, aber auch scharf kritisiert, wurde ihnen übermäßige Anerkennung, aber auch größtes Unverständnis entgegengebracht, wobei die Reihenfolge oft durcheinander geriet. Was dazu beigetragen hat, daß sich der Abstand zwischen den bescheidenen, gewöhnlichen Fachleuten und den kühnen, den Schmeicheleien oder dem Schimpf der Öffentlichkeit ausgesetzten Aufklärern vergrößerte.

Wobei man unter den letzten unterscheiden muß. Da gibt es die Helden, die hellseherisch, komödiantisch, polemisch, prahlerisch und widersprüchlich sind; sie kämpfen gegen Windmühlen,

All human activities, mundane or spectacular, have their sublime aspects and moments. Providing them with necessary accommodation might well have been no more than one further activity, a mere adjunct. Man, however, has deemed otherwise. Throughout history, architecture has ranked among the Pleiad of the Arts. Hegel even regarded it as foremost. It is, indeed, the most public art: none of its creations escape the eye or critical appraisal. Architecture is contingent on other factors – technology, the economy, culture, social needs – at the same time constituting their most immediate, omnipresent, inevitable and, no doubt, authentic expression. Down the centuries, architects – "men of art" – have played a singulary conspicuous role. In the 20th century, with its unprecedented media explosion, they have been lavished with the greatest honours and suffered the harshest criticism – dazzling acclaim and blank incomprehension, not necessarily in that order. This is not unrelated to the gulf that has developed between modest obscure professionals and those intrepid explorers offered up to public adulation or scorn.

Within the latter category a further distinction has to be drawn. There are the heros: visionaries, wandering minstrels, polemicists: boastful and contradictory, they tilt at windmills, play both Trojan Horse and carriage horse (without money); they court naked dancing girls, travel the world, sowing the seeds of future achievements.

Ludwig Mies Van der Rohe.

sent les danseuses nues, sillonnent le monde et sèment à tous les vents des graines d'œuvre à accomplir. « Les inventeurs de formes, aurait dit un jour Picasso, n'ont pas le temps de faire joli. » Et puis, il y a les saints : solitaires, taciturnes, secrets, ils se sentent porteurs d'une vérité absolue et unique à laquelle ils vouent leur existence et leur âme. Ils vivent loin de la foule déchaînée dans le recueillement et le silence. À peine si parvient au monde l'écho d'un aphorisme frappé au coin du sacré et colporté par un farouche disciple. Des architectes de ce siècle, les saints seraient des Mies Van der Rohe (« Build, don't talk ! ») ou des Louis Kahn (« La lumière est »), les héros, des Adolf Loos et des Le Corbusier.

Jean Nouvel n'est pas un saint. Monté à la capitale de son Sud-Ouest natal en Cyrano plus qu'en Rastignac, il a été formé à la diatribe par des maîtres aussi bruyants que Claude Parent et Paul Virilio, avant de se découvrir, dans les tumultes de mai 68 et leurs exercices à la démocratie directe, un talent insoupçonné de tribun enthousiaste (et longtemps bègue !). Un physique et une présence d'acteur de poids ont fait de lui, sans qu'il songe à s'en défendre, la coqueluche de la presse, au grand dam de ses confrères. Il confère, parcourt la planète, répond à toutes les questions comme si, l'indiquait justement Starck, on avait le devoir de s'exprimer quand la parole vous est donnée. Il pourrait bien

werden zum Trojanischen oder Arbeitspferd; sie hofieren Nackttänzerinnen, erkunden die ganze Welt und säen ununterbrochen Samen für Werke, die es gilt, gebaut zu werden. „Die Erfinder von Formen", soll Picasso gesagt haben, „haben nicht die Zeit, sie schön zu machen". Und dann gibt es die einsamen, verschlossenen, verschwiegenen Heiligen, die glauben, im Besitz der absoluten und alleinigen Wahrheit zu sein, für die sie ihr Leben und ihre Seele geben. Andächtig und schweigsam leben sie fern der entfesselten Menge. Kaum dringt das Echo eines sakralen, von einem strengen Anhänger übermittelten Lehrspruchs durch. Unter den Architekten dieses Jahrhunderts zählen zu den Heiligen Leute wie Mies van der Rohe („Build, don't talk!") oder Louis Kahn („Es werde Licht"), zu den Helden etwa Adolf Loos und Le Corbusier.

Jean Nouvel ist kein Heiliger. Aus Südwestfrankreich, wo er geboren ist, eher als Cyrano denn als Rastignac nach Paris gekommen, ging er bei so lautstarken Meistern wie Claude Parent und Paul Virilio in die Lehre, bevor er bei den Unruhen im Mai '68 mit der Ausübung von direkter Demokratie sein ungeahntes Talent des enthusiastischen (und lange stotternden!) Tribuns entdeckte. Ohne sich dagegen zu wehren und zum großen Ärger seiner Kollegen wurde er durch sein Äußeres und das selbstbewußte Auftreten eines Schauspielers zum Liebling der Presse. Er hält Konferenzen, bereist die ganze Welt,

"Inventors of forms", Picasso is said to have observed one day, "don't have time for pretty things." Then there are the saints: solitary, taciturn, secretive, conscious of bearing an absolute, unique truth to which they devote life and soul. They live far from the madding crowd in silent contemplation. At the very most, the outside world gleans an echo of some aphorism coined in their hallowed sanctuary and transmitted by a zealous disciple. The list of 20th-century architectural Saints would include Mies van der Rohe ("Build, don't talk!") and Louis Kahn ("Light...is"); the heros would number Adolf Loos and Le Corbusier.

Jean Nouvel is no saint. He came up to Paris from his native South West France more in the manner of Cyrano than of Rastignac. He cut his teeth in verbal sparring under such voluble masters as Claude Parent and Paul Virilio; then, amidst the tumultuous events of May 1968 and experiments in direct democracy, he discovered an unsuspected talent as an enthusiastic (and for a long time, stuttering!) orator. With his physique and presence of an impressive actor, he soon became -and never for once dreamed of denying it – the darling of the press, to the extreme displeasure of his professional colleagues. He lectured and travelled the world, addressing every issue as if - as Starck has rightly pointed out - it was one's duty to express oneself when one's turn to speak came round. He might well

Louis Kahn.

finir par être célèbre d'être célèbre. Mais, comme dit son confrère et ami, Frank Gehry, « ce n'est pas le tout d'être reconnu ». Ce serait peu en effet si Nouvel n'assenait édifice après édifice la preuve « par le construit » de sa capacité à faire (l'art, c'est le faire).

Dès l'établissement de sa première agence en 1970 – avant même d'avoir obtenu son diplôme – la vie d'architecte de Jean Nouvel s'est engagée sur plusieurs fronts. Tout d'abord, il bâtit : c'est au pied du mur que l'on voit l'architecte. De son premier chantier pour Claude Parent, alors qu'il a seulement vingt et un ans et que de son propre aveu il ignore tout de l'art de la construction, à ses premières réalisations remarquées au tournant de la décennie, Nouvel fait feu du petit bois qui est l'apanage des débutants : des maisons pour des proches, une petite école expérimentale, des aménagements, des extensions, tout ce qui fait le quotidien de l'apprentissage. Il milite avec ses jeunes confrères, fonde un mouvement rebelle et un syndicat qui s'opposent au corporatisme étroit de l'ordre des architectes, gardien du *statu quo*. Il est un des organisateurs activistes du contre-concours pour les Halles, qui rassemble pour un baroud d'honneur la fine fleur de l'intelligentsia internationale Roland Barthes et Henri Lefèbvre, Philip Johnson et Tomas Maldonado. Il met en scène les Biennales de Paris des jeunes artistes sous la houlette du critique Georges Boudaille. Il

antwortet auf alle Fragen, und zwar so, als sei es eine Pflicht, sich mitzuteilen, wenn einem dies leicht fällt, wie Starck es treffend formulierte. Seine Berühmtheit könnte ihn eines Tages berühmt machen. Wie aber sein Kollege und Freund Frank Gehry sagte, ist „berühmt zu sein nicht alles".

Seit der Gründung seines ersten Architekturbüros im Jahr 1970 – noch bevor er sein Diplom erhalten hatte – engagierte sich Jean Nouvel als Architekt an verschiedenen Fronten. Von seinem ersten Bau für Claude Parent im Alter von erst 21 Jahren, als er, wie er zugibt, vom Bauen noch nichts versteht, bis hin zu den ersten Realisierungen Ende der siebziger Jahre, die Beachtung finden, übernimmt er bescheidene Aufträge, was das Los eines jeden Anfängers ist: Häuser für Freunde, eine kleine experimentelle Schule, Um- und Ausbauten. Mit seinen jungen Kollegen ist er politisch aktiv und gründet eine aufrührerische Bewegung sowie eine Gewerkschaft, die sich dem engen Korporatismus der Architektenzunft widersetzt. Er zählt zu den Organisatoren und Aktivisten des Gegen-Wettbewerbs für die Pariser Hallen, der die Crème de la Crème der internationalen Intelligenzia wie Roland Barthes und Henri Lefèbvre, Philip Johnson und Tomas Maldonada vereint. Er setzt die Pariser Biennalen junger Künstler unter Leitung des Kritikers Georges Boudaille in Szene. Und nimmt an den damaligen Wettbewerben teil, denn nur so kam

have ended up being famous merely for being famous. However, as his colleague and friend Frank Gehry has remarked "Being recognised is not everything". It would indeed count for little if Nouvel, in building after building, had not provided the "built" proof of his capacity to get things done (art is doing).

Immediately after setting up his first agency in 1970 – even before he had obtained his diploma – Nouvel plunged into his architectural career on several fronts. First, he built: the proof of the architect is in the brick and mortar. From his initial commission for Claude Parent – although a mere twenty one years old and, on his own admission, totally ignorant of the art of building – right up to the first projects to draw critical attention in the early 1980s, Nouvel made the most of the limited possibilities open to novices: houses for friends and acqaintances, a small experimental school, renovation and extension work, the daily lot of the apprentice architect. Along with his young colleagues, he was politically active, founding a breakaway movement and a union opposed to the narrow corporatism of the Order of Architects, guardian of the *status quo*. He was an active organiser of the alternative competition for Les Halles, a gallant last stand rallying the flower of international intelligentsia – Roland Barthes, Henri Lefèbvre, Philip Johnson and Tomas Maldonado. He launched the Biennales de Paris des Jeunes Artistes under the auspices of

Le Corbusier et Pierre Jeanneret,
cousin, ami et associé.

Le Corbusier und Pierre Jeanneret,
sein Cousin, Freund und Partner.

Le Corbusier and Pierre Jeanneret,
his cousin, friend and partner.

participe aux concours du moment, seuls moyens d'accéder à la commande. Il étudie des projets de théâtre, qui préludent à la réalisation du théâtre de Belfort.

De ces expériences brouillonnes, l'architecte tire peu à peu, non une ébauche de théorie, mais une série de préceptes. Les domaines ou les questions qu'il aborde lui sont prétextes à approfondissement et à définition d'une attitude juste. Sa pratique de la participation avec de futurs usagers lui en dessine les limites exactes : si tout ce qui procède du programme appartient à la responsabilité de la démocratie (ou du politique), en revanche la responsabilité culturelle (la mise en forme) est celle de l'architecte.

L'étude des théâtres de naguère lui précise quelles attitudes il adoptera désormais vis-à-vis de l'histoire : juxtaposition, voire collision, de l'ancien et du moderne, accentuation de leurs caractères propres, pas de pastiches, ni de faux-semblants (mais de l'ambiguïté peut-être). Son compère Jacques Le Marquet lui souffle que la scénographie ne se limite pas à la scène : l'architecture de Nouvel sera émotionnelle et sensationnelle, spectaculaire dans le bon sens du terme. De son activité militante, il gardera la rage de convaincre (et la méfiance vis-à-vis du politique) ainsi que le goût d'une architecture critique. Le frottement aux choses de l'art lui fait mesurer la richesse d'un substrat incomparable pour l'architecte.

man zu Aufträgen. Er arbeitet an Theaterprojekten, die den Auftakt bilden zum Bau des Theaters von Belfort.

Von diesen ersten Erfahrungen ausgehend bedient sich der Architekt vielleicht noch keiner Theorie, aber doch einer Reihe von Regeln. Die Bereiche oder Fragen, die er anspricht, dienen ihm als Vorwand für die Vertiefung und Definition der richtigen Einstellung. Seine Praxis, die zukünftigen Benutzer am Projekt teilhaben zu lassen, zeigen ihm die genauen Grenzen.

Das Beschäftigen mit dem Theater von früher gibt ihm darüber Aufschluß, welche Haltung er künftig gegenüber der Geschichte einnehmen wird: Aneinandersetzen, ja Aufeinanderstoßen von Altem mit Modernem, Akzentuierung ihrer Eigenschaften, keine Nachahmung, auch keine Täuschung (vielleicht aber Vieldeutiges schaffen). Sein Kumpan Jacques Le Marquet bringt ihm bei, daß die Szenographie sich nicht auf die Bühne begrenzt: Nouvels Architektur ist emotional, sensationell und spektakulär im positiven Sinn. Aus der Zeit seiner militanten Aktivitäten stammt seine Überzeugungskraft (und das Mißtrauen der Politik gegenüber) wie auch die Vorliebe für eine kritische Architektur. Die Berührung mit der Kunst stellt für ihn, den Architekten, eine unvergleichbare Bereicherung dar.

Ende der siebziger Jahre hat Nouvel bereits einige anerkannte Werke geschaffen, die zuweilen als eklektisch bezeichnet werden. In der

Georges Boudaille. He took part in the competitions of the day, the sole passport to obtaining a commission. He honed his theatre projects, forerunners of his Belfort theatre hall.

From such tentative experiences, he gradually formulated a series of precepts rather than a draft theory. The areas and the issues he tackled were a pretext to explore and define a valid attitude, and his practice of working along with future users helped him stake out its precise limits: although the overall aspects of any programme imply democratic (or political) responsibility, cultural responsibility (giving form), on the other hand, is the architect's affair.

The study of earlier theatres allowed him to clarify the appropriate attitudes to adopt in relation to buildings of the past: juxtaposition, even a collision between old and new, highlighting of intrinsic features, no pastiche, and no pretence (although possible ambiguity). His colleague Jacques Le Marquet taught him that scenography was not confined to the stage: Nouvel's architecture was to be emotional and sensational, spectacular in the positive sense of the term. From his militant activities, he retained a burning desire to convince (and a wariness of politics) as well as a penchant for a critical architecture. Familiarity with the other arts taught him the potential value to architecture of such a matchless substratum.

By the late 1970s, Nouvel had already designed several projects which had aroused critical

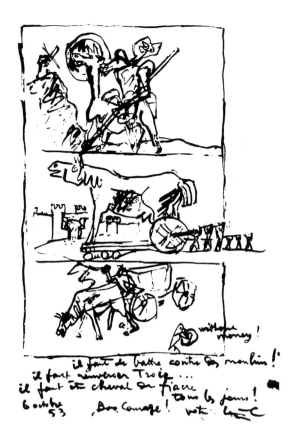

Dessin de Le Corbusier.
« À un ami. 6 octobre 1953. »

Zeichnung von Le Corbusier
„Für einen Freund. 6. Oktober 1953."

Drawing by Le Corbusier
"To a friend. 6 October 1953."

Quand s'achèvent les années 70, l'architecte Nouvel est déjà l'auteur de quelques œuvres remarquées et parfois taxées d'éclectiques. C'est que, dans la hâte et l'avidité à explorer toutes les possibilités qui lui sont offertes, il ne se définit encore que par ce qu'il n'est et ne sera pas : dans le désordre, un copiste, un Versaillais, un rationaliste répétitif, un « néo-Corbu », un suprématiste involontaire, un régionaliste de banlieue... À cette époque, il se range volontiers sous la bannière des postmodernes, éclectiques radicaux, fabricants de « canards » ou de « hangars décorés », symbolistes, laids et ordinaires, spectaculaires, ironiques, tous ceux qui vivent et traduisent leur époque.

L'année 1981 marque un grand changement dans l'architecture française. Les nouveaux dirigeants ont de grands projets. Le président François Mitterrand lui-même affiche ses ambitions architecturales. Nouvel figure parmi les jeunes architectes prometteurs de sa génération. Il remporte le premier concours du septennat, celui pour l'Institut du monde arabe. Puis, il sera de toutes les grandes consultations : La Villette et les Finances, Tête Défense et l'Exposition universelle de 1989, la salle de rock de Bagnolet et le centre de conférences internationales... Sans succès. On le dit proche du pouvoir, il serait l'architecte du régime : ses réalisations marquantes, à l'exception de l'IMA et de l'INIST à Nancy, s'inscriront à Lyon, à Tours, à

Eile und Gier, alle ihm gebotenen Möglichkeiten zu nutzen, definiert er sich zunächst als das, was er nicht ist und nicht sein wird: ein Kopierer, ein „Versailler", ein unverbesserlicher Rationalist, ein „Neo-Corbu", ein unwillkürlicher Suprematist, ein Vorort-Regionalist... In dieser Zeit zählt er sich gerne zu den Postmodernen, Radikaleklektikern, Produzenten von Frittenbuden („ducs") oder „dekorierten Hallen", Symbolisten, Häßlichen und Ordinären, Spektakulären und Ironikern, also zu all denen, die in ihrer Zeit leben und ihr Ausdruck verleihen.

Das Jahr 1981 kennzeichnet einen großen Umschwung innhalb der französischen Architektur. Die neuen Politiker haben viel vor. François Mitterrand selbst zeigt seine Ambitionen im Hinblick auf die Architektur. Nouvel zählt zu den jungen, vielversprechenden Architekten. Er gewinnt den ersten Wettbewerb der Amtszeit Mitterrands: den für das Institut du monde arabe. Und danach nimmt er an all den großen Bauvorhaben teil: La Villette, Finanzministerium, Tête Défense, Weltausstellung von 1989 (die nicht stattfand), Rocksaal von Bagnolet, internationales Konferenzzentrum, usw. Ohne Erfolg. Man behauptet von ihm, er stehe der Macht sehr nah und sei der Architekt des Regimes. Mit Ausnahme des Institut du monde arabe und des INIST von Nancy entstehen seine wichtigsten Bauten in Lyon, Tours, Dax und Nîmes, unter der Schirmherrschaft von

attention and had occasionally been accused of eclecticism. This was because, in his haste and eagerness to explore all possibilities open to him, he continued to define himself merely in terms of what he was not, and would not be; a random list of epithets would include: copyist, Versaillais, repetitive rationalist, "neo-Corbusier", unwitting Suprematist, suburban regionalist etc. At that period, he readily sided with those who lived out and expressed their times, the postmodernists, radical eclectics, builders of symbolist "ducks" and "decorated sheds", ugly and ordinary, spectacular or ironic.

1981 marked a major turning point in French architecture. The new political leaders had grand projects. François Mitterrand himself made no secret of his architectural ambitions. Nouvel was one of the young rising stars of his generation, winning the first competition of the new presidency for the Arab World Institute. He submitted projects for all the subsequent major consultations: La Villette, the new Finance Ministry, Tête Défense, the 1989 Universal Exhibition, Bagnolet Rock Auditorium, and the International Conference Centre, but without success. He was said to be close to government circles, rumoured to be the new régime's favourite architect; yet, excepting the AWI and the INIST in Nancy, his outstanding projects were built in Lyons, Tours, Dax, and Nîmes, all cities run by authorities which were (at least on paper)

John Chamberlain.
Chinati Foundation.
Marfa. Texas.

Lighning field.
Walter de Maria.
New Mexico.

Dax, à Nîmes, sous l'égide d'édiles plus conservateurs sur le papier mais plus avisés peut-être et qui le soutiennent avec ardeur. Mystères de la chose publique...

Tout au long de la décennie, Nouvel déploie une activité intense : quinze projets en 1985, quinze encore en 1986, vingt-quatre en 1987, dix-huit en 1988, trente-six en 1989...

La notoriété de l'IMA suscite une ruée. Dans l'euphorie du moment, Nouvel ne songe qu'aux temps de disette. Il feint d'ignorer les clients improbables, les projets sans financement, le rôle de faire-valoir qui lui échoit souvent, la vaine agitation qui l'entoure. Il est devenu une figure parisienne, un noctambule aussi. Devant la croissance de l'agence, il se résout à choisir un nouveau partenaire, Emmanuel Cattani. C'est la rupture avec ses jeunes associés. Jean-Marc Ibos et Myrto Vitart claquent la porte. Emmanuel Blamont cède à la séduction brésilienne, puis s'exile. Une époque s'achève.

À l'aube des années 80, Nouvel a défini les bases d'une démarche sous-tendue par deux convictions : l'architecture ne peut plus se poser en discipline autonome, refermée sur elle-même et ignorante du monde dans lequel elle s'inscrit ; le projet par nature – location, climat, relief, destination, économie, culture – ne peut qu'être spécifique. « Je ferai deux fois le même projet quand il me sera posé deux fois la même question », dira-t-il.

Stadtvätern, die auf dem Papier zwar konservativer sind, ihn aber leidenschaftlich unterstützen.

In den achtziger Jahren ist Nouvel besonders aktiv: fünfzehn Projekte 1985, fünfzehn 1986, vierundzwanzig 1987, achtzehn 1988, sechsunddreißig 1989...

Das Institut du monde arabe löst einen Ansturm aus. In dieser euphorischen Zeit vergißt Nouvel dennoch die schlechten Jahre nicht. Er wurde zu einer Pariser Figur und zu einem Nachtschwärmer. Aufgrund der Vergrößerung seines Büros entscheidet er sich für einen neuen Partner: Emmanuel Cattani. Der Bruch mit seinen jungen Teilhabern folgt. Jean-Marc Ibos und Myrto Vitart gehen. Emmanuel Blamont erliegt dem brasilianischen Charme und verläßt Frankreich. Eine Epoche geht zu Ende.

In den frühen achtziger Jahren definierte Nouvel die Basis eines von folgender Überzeugung untermauerten Vorgehens. Erstens: Die Architektur, in sich selbst geschlossen und ihre Umgebung ignorierend, darf sich nicht mehr als autonome Disziplin betrachten. Zweitens: das Projekt – Lage, Klima, Bestimmung, Wirtschaft, Kultur – ist gezwungenermaßen spezifisch. „Ich würde zweimal den gleichen Entwurf für etwas machen, womit man mich zweimal beauftragt", so Nouvel.

Daher also bei jedem Projekt ein Vorgehen, das eine rigorose und tiefgreifende Analyse aller Komponenten umfaßt. Mit Werten, die Foucault

conservative, but were well-advised and gave him enthusiastic backing. The enigmas of public life...

Throughout the decade, Nouvel was intensely active: fifteen projects in 1985, fifteen again in 1986, twenty four in 1987, eighteen in 1988, thirty six in 1989, etc.

The reputation of the AWI brought a flood of commissions. Carried away in the euphoria, Nouvel thought of the lean years. He pretended to ignore unlikely clients, unfinanced projects, the role of prestigious foil that was often his lot, and the inflated fuss and bustle that surrounded him. He had acquired the status of Parisian celebrity, and night-owl as well.

Faced with the expansion of his agency, he opted for a new partner, Emmanuel Cattani. This led to a split with his young associates, Jean-Marc Ibos and Myrto Vitart. Both slammed the door and left. Emmanuel Blamont was tempted by Brazil and then moved abroad. It was the end of an era.

By the early 1980s, Nouvel had formulated an approach based on two fundamental convictions: that architecture could no longer claim to be an autonomous, inward-looking discipline, oblivious to the surrounding world; and that projects, by their very nature – site, climate, terrain, purpose, economic and cultural aspects – were necessarily specific. "I'll do the same project twice when I am asked the same question twice", he was to exclaim.

De là, un processus d'élaboration du projet qui implique nécessairement une analyse rigoureuse et fine de tous ses composants, l'établissement de règles de formation, la mise à l'épreuve du déplacement et des valeurs de l'ordre du discours chères à Foucault – discontinuité, spécificité, extériorité, renversement –, enfin la définition d'un concept constitué d'un ensemble d'idées triées sur le volet et commandant jusqu'au plus petit détail. Une méthode déductive, le contraire de celle des beaux-arts qui, d'un trait préalable (et génial), résumait le « parti » architectural. Une méthode qui en somme ne proposerait qu'une sophistication du fonctionnalisme le plus efficace si l'architecture ne devait aussi interroger le monde, le signifier. Là aussi, Nouvel a évolué : il est absolument moderne. La galaxie d'images dont il s'entoure ne vise pas à fonder un style – qui serait contradictoire avec la spécificité d'un projet – mais une esthétique. Elle inclut toutes les icônes du temps présent : images du progrès et de l'industrie, de l'espace et de ses brouettes lunaires, des transports – le ventre du Concorde et l'aileron des Formule 1 –, de l'électronique et ses filaments dorés, de la fiction aussi, du cinéma, de la publicité et du show-biz. L'esthétique de Nouvel est inclusive : elle télescope les genres et les sensations, le dur et le mou, le lisse et le rugueux, le clinquant de la technique et son délabrement rouillé.

Cette vision contrastée a ses racines dans l'art

sehr am Herzen lagen, d.h. Unterbrechung, Spezifizität, Äußerlichkeit und Umkehrung, schließlich die Definition eines Konzepts, das sich aus einer Reihe sorgfältig ausgesuchter Ideen zusammensetzt und das kleinste Detail berücksichtigt. Diese Methode ist deduktiv und das Gegenteil dessen, was in der Kunstakademie gelehrt wird. Eine Methode, die alles in allem nur eine Sophistikation des wirkungsvollsten Funktionalismus vorschlagen würde, wenn die Architektur nicht auch die Welt befragen, sie bestätigen müßte. Auch hier ist Nouvel weitergegangen und entschieden modern. Die unendlich vielen Bilder, mit denen er sich umgibt, sollen keinen Stil hervorbringen – was im Widerspruch zur Spezifizität eines Projekts stände –, sondern eine Ästhetik. Sie umfassen sämtliche Ikonen unserer Zeit: Bilder des Fortschritts und der Industrie, des Weltraums und seiner lunaren „Schubkarren", der Transportmittel (der Bauch der Concorde und der Spoiler von Formel-1-Rennwagen), der Elektronik mit goldfarbenen Glühdrähten, auch der Fiktion, des Kinos, der Werbung und des Showbusiness. Nouvels Ästhetik ist inklusiv und läßt Arten und Empfindungen, Weiches und Hartes, Glattes und Rauhes, das Glänzende der Technik und deren verrosteten Verfall aufeinanderprallen.

Diese kontrastreiche Vision wurzelt in der Kunst der Zeit: Nouvel hat eine besondere Schwäche für die Künstler Joseph Beuys und Walter De

This entailed a fine honing of projects, a process which in turn necessarily implied a rigorous and meticulous assessment of all aspects involved, establishing rules of formation, testing transferral and the kind of factors - discontinuity, specificity, exteriority, reversal - that feature so prominently in the writings of the French philosopher Michel Foucault; finally, it meant defining a concept made up of a series of carefully selected ideas and which governed even the tiniest details. The method was deductive, in contrast to that of the Beaux-Arts School which, at one preliminary (and genial) stroke, summarily stipulated the architectural "approach" to be adopted. A method which, in short, might well have offered little more than a sophisticated version of ultra-efficient functionalism were it not for the fact that the architecture was also intended to question the surrounding world and to signify it. Here again, Nouvel had evolved and become resolutely modern. The galaxy of images he surrounds himself with does not aim at creating a style - which would contradict the specificity of the project - but rather a particular æsthetic, encompassing the entire gamut of contemporary icons: images of progress and industry, space travel and moon-buggies, transport – the underbelly of the Concorde and the fin of Formula 1 racing cars –, electronics with its shimmering filaments, and also fiction, cinema, advertising and show business. Nouvel's

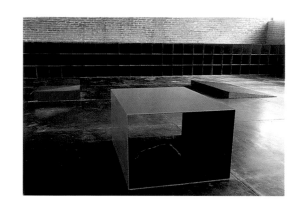

Donald Judd.
Chinati Foundation.
Marfa. Texas.

du temps : Nouvel avait avoué ses faiblesses pour les artistes Joseph Beuys et Walter De Maria, Donald Judd, Robert Smithson et Richard Serra et Dan Flavin. Il en a croisé les influences, les a élargies aux dimensions du paysage. Il a considéré avec une égale attention les « pièces » de land-art et les marques de l'homme sur le territoire, les autoroutes, leurs glissières, leurs talus et leurs gares de péage, les zones portuaires, leurs grues, leurs ponts roulants et leurs amoncellements stricts de containers bigarrés, les aéroports, leurs hangars immenses, leurs herbes couchées par le vent des réacteurs et leur balisage pointilliste. Sa vision est dynamique : la vitesse et le déplacement y vont de soi. C'est en cela que Nouvel a trouvé l'équivalent de son regard dans celui des cinéastes : panoramiques, zooms, cadrages, champs et contrechamps, plongées et contre-plongées s'inscriront dans ses édifices comme des éléments architecturaux, dans une connivence explicite avec le regard moderne, lucide et tendre qui scrute la jungle des villes, l'abandon des terrains vagues, la vacuité des dessous d'autoroutes, les parkings au goût de cendre, de l'ami berlinois Wim Wenders. Contre le jeu correct, savant et magnifique des volumes sous la lumière, Nouvel revendique une architecture productrice d'images.

Le concours de la Tour sans Fins remporté par Nouvel avec son futur ex-associé Ibos en 1989

Maria, Donald Judd, Robert Smithson, Richard Serra und Dan Flavin. Sie übten Einfluß auf ihn aus, den er auf landschaftliche Dimensionen ausweitete. Mit gleichem Interesse betrachtet er die «Werke» der Land Art, die Autobahnen mit ihren Leitplanken, Böschungen und Mautstellen, die Häfen mit ihren Känen, Rollstegen und Containerstapeln, die Flughäfen mit ihren gigantischen Hallen, ihrem von den Reaktoren plattgedrückten Gras und ihrer pointillistischen Befeuerung. Seine Vision ist dynamisch: Geschwindigkeit und Deplazierung verstehen sich von selbst. Das ist es, weshalb Nouvel eine den Cineasten vergleichbare Sicht hat: Breitwände, Zooms, Bildausschnitte, Einstellungen und Gegeneinstellungen, Aufnahmen von oben und unten. Die verwendet er in seinen Werken wie architektonische Elemente, mit modernem, aufgeschlossenem und liebevollem Blick, der den Dschungel der Städte und die Baulücken erforscht, die Leere unter den Autobahnen, die grauen Parkplätze des Berliner Freundes Wim Wenders. Als Gegensatz zum gekonnten und großartigen Spiel der Volumen im Licht befürwortet Nouvel eine Architektur, die Bilder hervorbringt.

Der Wettbewerb für den Turm ohne Ende, den Nouvel gemeinsam mit seinem zukünftigen Ex-Partner Ibos 1989 gewann, stellt insofern einen entscheidenen Abschnitt in der Laufbahn des Architekten dar, als er danach im kosmo-

aesthetic is inclusive: it telescopes a variety of different genres and sensations – hard and soft, smooth and rough, the flashy side of technology and its rusty dilapidation.

This contrasting vision has its roots in contemporary art: Nouvel confessed to appreciating artists such as Joseph Beuys, Walter De Maria, Donald Judd, Robert Smithson, Richard Serra and Dan Flavin. He combined their influences and expanded them to the dimensions of the landscape. He paid equal attention to land-art "works", and to the mark of man left on the environment: motor-ways with their crash barriers, embankments and toll booths, seaports with their gantries and travelling cranes, their orderly stacks of brightly coloured containers, airports with their huge hangars, grass flattened by jet blast, and their pointillistic runway lights. His vision is dynamic. Speed and movement, naturally, are intrinsic components. It is in this respect that Nouvel has discovered the equivalent to own way of seeing things in that of film-makers: panoramic views, zooms, framing shots, reverse shots, wide- and short-angle shots are all included in his buildings as architectural features, in an explicit complicity with a lucid, tender and modern vision of urban jungles, derelict wastelands, the anonymous desolation of the undersides of motorways and the ashen flavour of parking lots captured in the films of his Berliner friend Wim Wenders. In opposition to

Double negative
Michael Heizer.
Virgin River Mesa.
Nevada.

marque une étape déterminante dans la carrière de l'architecte en le propulsant dans le club cosmopolite des architectes les plus en vue. De l'alliance de Nouvel avec un nouveau partenaire, Emmanuel Cattani, les bienfaits ne seront pas minces : modernisation et informatisation de l'agence, élargissement du champ d'intervention. Les projets fleurissent à l'étranger, aux Pays-Bas et en Allemagne, en Suisse et en Autriche avec des excursions sporadiques en Extrême-Orient ou en Australie... Durant cette période féconde, Nouvel n'a pas modifié son comportement de « jeune architecte » : il participe à de grands concours, en remporte peu, prend les risques de l'invention et en paye le prix. Le Grand Stade de Saint-Denis en sera l'exemple le plus cuisant. Les aléas d'une croissance mal maîtrisée lui font frôler le gouffre : une poignée de fidèles l'en écarteront.

Durant la même période, Nouvel ajoute quelques beaux fleurons à son palmarès : le noir, le rouge et l'or de l'opéra de Lyon, le discret OVNI du palais de congrès de Tours, les scintillements colorés du triangle des gares de Lille. Et un autre édifice « jamais vu », l'immeuble Cartier à Paris, le pied de nez le plus éblouissant aux contempteurs de la transparence.

La transparence, la « trans-apparence » plutôt, comme il l'avait déjà souligné naguère, c'est sans doute une des obsessions les plus anciennes de Nouvel, une de ses idées les plus

politischen Club der berühmtesten Architekten aufgenommen wurde. Aus der Verbindung mit einem neuen Teilhaber, Emmanuel Cattani, ergab sich viel Positives: Modernisierung und Informatisierung des Büros, ein breiteres Spektrum der Aktivitäten. Im Ausland, genauer in den Niederlanden, in Deutschland, der Schweiz, in Österreich und sporadisch im Fernen Osten und in Australien florieren die Projekte. In dieser ergiebigen Zeit hatte Nouvel noch immer die Haltung eines „jungen Architekten": Er nimmt an großen Wettbewerben teil, gewinnt wenige, geht Risiken mit gewagten Vorschlägen ein und zahlt dafür. Das Große Stadion von Saint-Denis ist hierfür das markanteste Beispiel. Die Vergrößerung des Büros, die er nicht im Griff hatte, bringen ihn beinahe an den Abgrund: eine Handvoll Getreuer retten ihn davor.

Gleichzeitig fügt Nouvel der Liste seiner Erfolge bemerkenswerte Werke hinzu: das Schwarz, Rot und Gold der Oper von Lyon, das diskrete „unbekannte Flugobjekt" des Kongreßzentrums von Tours, das farbige Flimmern des Dreiecks der Bahnhöfe von Lille. Und ein weiteres „nie dagewesenes" Werk: das Pariser Cartier-Gebäude, mit dem er all denen die Zunge herausstreckt, die die Transparenz verachten.

Die Transparenz, für Nouvel eher die „trans-apparence", ist zweifellos eine seiner ältesten Obsessionen, eine seiner eigensinnigsten und neusten Ideen. Zurückzuführen ist sie auf das

the orthodox, skilful and superb interplay of volumes beneath light, Nouvel champions an image-generating architecture.

The competition for the Endless Tower, won in 1989 by Nouvel and his future ex-associate Ibos, marked a decisive stage in his career, propelling him into the select cosmopolitan fraternity of fashionable architects. His new partnership with Emmanuel Cattani was to bring considerable advantages: the modernisation and computerisation of the agency, and an extended scope of activities. Projects are underway abroad, in the Netherlands, Germany, Switzerland and Austria, with sporadic excursions to the Far East or Australia. Throughout this fertile period, Nouvel continued to act like a"young architect", taking part in competitions, occasionally winning, daring to be inventive and sometimes paying the price, the most bitter example being the Saint-Denis Grand Stadium project. The hazards of ill-controlled expansion brought him to to the brink of catastrophe; he was saved by a handful of faithful friends.

During the same period, Nouvel produced some fine new additions to his list of achievements: the black, red and gold Lyons Opera House, the discreet UFO of the Tours Conference Centre, the glitteringly colourful Station Triangle in Lille. And yet another "totally unprecedented" building, the Cartier headquarters in Paris, that most dazzling rebuke to the denigrators of transparency.

Les Ailes du désir de Wim Wenders.

Der Himmel über Berlin von Wim Wenders.

Wings of Desire by Wim Wenders.

têtues et les plus neuves. Elle remonte aussi loin que le projet de la Direction départementale de l'Équipement de Poitiers en 1979. Depuis, elle est passée par toutes les phases, de l'inclusion plus ou moins complète – le premier immeuble Cartier à Jouy-en-Josas – à l'objet isolé pur comme la Tête Défense (mais sait-on s'isoler du ciel et de l'horizon ?). Elle s'enrichit des jeux de profondeurs de champ, de la superposition de trames et de filtres dont l'IMA est un exemple singulier. Elle joue avec la nature et le paysage pour les inclure et/ou les encadrer à loisir. Elle met l'espace et la forme en abîme par le simple jeu de la matière et de la lumière. Les édifices de Nouvel tendent à effacer toute la gravité de la matière, à la rendre impalpable. L'immeuble Cartier et le bâtiment de Friedrichstrasse à Berlin poussent l'architecture à des limites qu'elle ignorait.

Mais c'est la vocation irrépressible de Nouvel que d'aller à la découverte de territoires vierges. D'autres y viendront, des colons, pour des semailles et des moissons. Les conquérants, eux, seront déjà ailleurs, ce qui ne laisse pas d'agacer dans les chaumières. D'ailleurs, la France boude son plus audacieux conquérant de l'espace. Les nations et les institutions préfèrent des héros plus paisibles. Les autres, les conquistadores, n'en ont cure. Ils reprendront inlassablement la mer. ■

Projekt für die Direction départementale de l'Equipment in Poitiers von 1979. Seither hat sie alle Phasen durchschritten, angefangen vom ersten Cartier-Gebäude in Jouy-en-Josas bis zum vollkommen isolierten Objekt der Tête Défense (aber kann man sich vom Himmel und dem Horizont isolieren?). Sie wird bereichert durch ein Spiel mit der Tiefe, der Überblendung der Raster und Filter, wofür das Institut du monde arabe ein ungewöhnliches Beispiel ist. Sie spielt mit der Natur und der Landschaft. Durch ein einfaches Zusammenspiel von Materie und Licht schafft sie Unermeßlichkeit für Raum und Form. Nouvels Bauten versuchen, die Schwere der Materie aufzuheben und sie unfaßbar zu machen. Das Cartier-Gebäude und der Bau in der Berliner Friedrichstraße führt die Architektur zu ungeahnten Grenzcn.

Nouvels Bestimmung ist es, stets Neues zu entdecken. Andere werden ihm auf seinem Weg folgen und davon mehr profitieren, als der Eroberer selbst. Denn der ist immer schon einige Schritte voraus, während andere versuchen, sich lediglich ein Bild von ihm zu machen. Frankreich hält nicht viel von seinem kühnsten Eroberer. Nationen geben friedlicheren Helden den Vorzug. Den conquistadores aber ist das egal. Denn sie brechen unermüdlich zu neuen Ufern auf. □

Transparency – or rather, "trans-appearance" as he emphasised long ago – is without a doubt one of Nouvel's most longstanding obsessions, one of his most uncompromising and revolutionary ideas. It goes all the way back to the Poitiers Public Amenities Department project in 1979. Since then, it has been through every possible phase ranging from more or les complete inclusion – the initial Cartier Building project at Jouy-en Josas – to the pure, isolated object as at Tête Défense (yet is it possible to isolate oneself from the sky and the horizon?). It was then embellished by the interplay of depths of field, and superimposed grids and filters, the AWI offering an outstanding example. It interacts with nature and the landscape, incorporating, and/or framing them at leisure. It projects space and form into an abyss by the mere interplay of matter and light. Nouvel's buildings tend to blot out the gravity of matter, to render it impalpable. Both the Cartier Building and the Friedrichstrasse Building in Berlin push architecture to the outer limits. But Nouvel is irrepressibly driven to explore uncharted territories. Other colonists will follow to sow and reap, by which time the explorers will have already moved on, causing many an eyebrow to be raised. Besides, France turns a deaf ear to its most intrepid space explorer. Nations and institutions prefer more domesticated heros. The others however, the conquistadores, pay little heed, and unflaggingly launch out on new voyages of discovery. ■

« … D'ailleurs la minorité ou même simplement l'individu, sont opprimés par la majorité, parce qu'ils agissent beaucoup plus en fonction de leur temps que la majorité. Les idées qui sont de leur temps ne sont jamais de leur temps, ai-je pensé. Les idées qui sont de leur temps sont toujours en avance sur leur temps, lorsqu'elles sont effectivement des idées de leurs temps, ai-je pensé… Je suis de mon temps signifie, il faut que ma pensée soit en avance, cela ne signifie pas que j'agis en fonction de mon temps, car agir en fonction de son temps signifie être en retard sur son temps et ainsi de suite… »

Thomas Bernhard [1]

„… Die Minderheit oder auch nur der Einzelne werden ja gerade deshalb von der Mehrheit erdrückt, weil sie viel zeitgemäßer sind als die Mehrheit, weil sie viel zeitgemäßer handeln als die Mehrheit. Die zeitgemäßen Gedanken sind immer unzeitgemäß, dachte ich. Die zeitgemäßen Gedanken sind ihrer Zeit immer voraus, wenn sie die tatsächlichen zeitgemäßen Gedanken sind, dachte ich. Das Zeitgemäße ist also tatsächlich immer das Unzeitgemäße, dachte ich…"

Thomas Bernhard [2]

"… Besides, the minority, or even the individual, are oppressed by the majority because they are more in tune with their times than the latter. Their ideas are never the ideas of their times, it struck me. Their ideas, when effectively ideas of their times, are always ahead of their times, I thought… Being of my times means I must think ahead of the times, it doesn't mean merely reacting to my times, since merely reacting to my times means that I'm behind the times, and so on and so forth…"

Thomas Bernhard

1. *Extinction*, Gallimard, 1990, p. 235.
2. *Auslöschung*, Suhrkamp, 1988, S. 368

Le scénographe Jacques Le Marquet.

Der Bühnenbildner Jacques Le Marquet.

Scenographer Jacques Le Marquet.

Le goût du spectacle
Architektur ist eine Show
Architecture is a show

L'avenir de l'architecture
n'est plus architectural.

Die Zukunft der Architektur
ist nicht mehr architektonisch.

Architecture's future
is no longer architectural.

Lorsque Jean Nouvel fonde sa première agence avec son condisciple François Seigneur en 1970, avant même d'avoir reçu son diplôme, les feux de Mai 1968 sont encore mal éteints. Les jeunes architectes français qui avaient pris d'assaut l'École des Beaux-Arts fustigent les vieux mandarins et, férus de sociologie, s'exercent à la démocratie directe. Dans le brouhaha des polémiques et des assemblées militantes, dont il est un protagoniste violent, Nouvel exécute aussi les gammes qui sont le lot des débutants : chantiers modestes, maisons pour un entourage proche ou lointain, concours où les jeunes lions se font les dents. Nouvel et Seigneur sont ainsi les lauréats stériles du premier concours du PAN (programme architecture nouvelle) lancé par le ministère de l'Équipement.

Nouvel œuvre encore sous influence. De Claude Parent il tient l'irrévérence et le refus de tenir les choses pour acquises, de Paul Virilio le sens de l'analyse et du discours. Deux rencontres vont contribuer pour longtemps à élargir le champ de sa curiosité et nourrir ses inspirations : avec le critique d'art Georges Boudaille, qui lui confie les installations de la Biennale de Paris, il sera exposé périodiquement aux recherches tous azimuts de l'avant-garde artistique. Ces confrontations contribueront à former son esthétique personnelle. Avec Jacques Le Marquet, qui demeurera longtemps son « sparring-partner » favori, il découvre le monde du théâtre, son aptitude à

Als Jean Nouvel 1970 mit seinem Studienfreund François Seigneur sein erstes Architekturbüro eröffnet, ist er noch nicht im Besitz seines Diploms, war das Feuer von Mai '68 noch nicht erloschen. Die jungen französischen Architekten, die sich der Ecole des Beaux-Arts bemächtigt hatten, geißeln die alten Mandarine, sind in die Soziologie vernarrt und üben sich in direkter Demokratie. Im Getöse der Polemiken und militanten Versammlungen, zu deren Protagonisten er zählt, übernimmt Nouvel aber auch all das, was zum Los eines Anfängers gehört: einfache Bauten, Häuser für Freunde und Bekannte, Wettbewerbe. Nouvel und Seigneur gewinnen den ersten, vom französischen Ministerium für öffentliches Bauwesen ausgeschriebenen PAN (Programm für Neue Architektur)-Wettbewerb.

Noch unterliegt Nouvel Einflüssen in seiner Arbeit. Auf Claude Parent geht seine Respektlosigkeit und die Ablehnung dessen zurück, daß die Dinge so und nicht anders sind, auf Virilio sein Sinn für Analysen und Diskurse. Zwei Begegnungen sollen für seine Wißbegier und Inspirationen von größter Bedeutung sein: die mit dem Kunstkritiker Georges Boudaille, der ihm die Einrichtungen der Pariser Biennale anvertraut, was ihn regelmäßig mit der künstlerischen Avantgarde konfrontiert und zur Entwicklung seines eigenes Kunstempfindens beiträgt. Mit Jacques Le Marquet entdeckt er die Welt des

Tremors from the May 1968 Parisian eruption were still rumbling two years later when Jean Nouvel, not yet qualified, set up his first agency with François Seigneur. The sociologically-inspired young French architects who had stormed the Ecole des Beaux-Arts in rebellion against their mandarin elders practised direct democracy. A zealous participant in the turbulent controversy, Nouvel was also involved in the whole range of tasks that are the apprentice architect's lot: minor projects, housing for friends or acquaintances, and competitions where young talents can cut their teeth; along with Seigneur, he won the first, abortive, PAN (New Architecture Program) competition launched by the Ministry of Public Works.

Nouvel's work was influenced by Claude Parent and Paul Virilio: from the former, he acquired irreverence and a refusal to take things for granted, from the latter, a sense of analysis and discourse. Two further encounters would make a lasting impression, widening his range of interests and nurturing his inspiration: art critic Georges Boudaille commissioned him with the Paris Biennale layout, introducing him to the wide-ranging concerns of avant-garde artists, a formative influence in Nouvel's own aesthetic approach; Jacques Le Marquet, long his preferred sparring-partner, introduced him to the world of theatre, its capacity to arouse deep, direct feeling, its tricks and illusory effects. For

Citations, clins d'œil, ironie, Nouvel revisite
l'enfance au centre de loisirs des Godets
d'Antony (page précédente et à droite),
dans son projet de « maison de poupée »
(à gauche) ou dans le bleu idyllique de la
maison Devolvère près de Troyes
(à droite en bas).

Zitate, Anspielungen, Ironie, Erinnerungen
an die Kindheit in dem Les Godets
Freizeitzentrum, Antony (vorhergehende
Seite rechts), für das „Puppenhaus"
Projekt (links) oder im idyllischen Blau
des Hauses Devolvère bei Troyes
(unten rechts).

Quotations, veiled references, Nouvel
revisits childhood at the leisure center
Les Godets in Antony (overleaf, and right),
in the "doll's house" project (left),
or the idyllic blue of the Devolvère House
in Troyes (below right).

susciter des sensations profondes et directes, ses trucs et ses tours d'illusionniste aussi. La scénographie selon Le Marquet n'est pas limitée à la scène : elle comprend tout ce qui tend à mettre le spectateur dans l'état propice à l'attention, voire au ravissement. C'est Le Marquet aussi qui avec sa drôle d'érudition le pousse à se servir de la fiction comme détonateur et élaborer les histoires (les scenarii) qui dotent le projet d'un fil conducteur. Dans le domaine plus étroitement architectural, l'implosion s'est produite avec Robert Venturi et son manifeste doux pour une architecture complexe et contradictoire. Tout en dénonçant l'alibi qu'il fournit aux nostalgiques et historicistes de tout poil, Nouvel y reconnaît la liberté retrouvée de l'architecture et l'échappée de son champ clos. Pour lui, l'architecture ne sera plus jamais une discipline autonome. Elle se trouve soudain en droit d'annexer le désordre et la vitalité de la culture populaire, le monde de l'automobile et ses signes bariolés, celui du show-biz et sa vulgarité éclatante. Les temps ne sont plus à l'architecture mais aux architectures. Nouvel avouera être prêt à en aimer beaucoup. « Des pures et des impures... Des spontanées et des sophistiquées, des prolos et des bourgeoises. Pourvu qu'elles soient vivantes. » La première période de l'architecte Nouvel se déroule sous les signes jubilants d'un postmodernisme moderne. ■

Theaters, dessen Fähigkeit, tiefe und direkte Empfindungen hervorzurufen, ebenso dessen Kunstgriffe und Kunststücke. Le Marquet zufolge ist die Bühnendekoration nicht auf die Bühne begrenzt, sondern schließt all das ein, was den Zuschauer in einen Zustand besonderer Aufmerksamkeit, ja Begeisterung versetzt. Le Marquet ist es auch, der ihn dazu bringt, sich der Fiktion als Zünder zu bedienen und Geschichten (Szenarien) als Leitfaden des Projektes zu erfinden. Im Bereich der Architektur im engsten Sinn kam die Implosion mit Robert Venturi und seinem sanften Manifest für eine komplexe und kontradiktorische Architektur zustande. Dieses Alibi für Nostalgiker und Historizisten jeder Art stellt für Nouvel die wiedererlangte Freiheit der Architektur und eine Öffnung der Eingrenzung dar. Eine autonome Disziplin wird für ihn die Architektur nie mehr sein. Vielmehr hat sie jetzt das Recht dazu, die Unordnung und Vitalität der populären Kultur einzubeziehen, ebenso die Welt des Automobils mit ihren kunterbunten Zeichen, die des Showbusiness und dessen eklatante Vulgarität. Die Zeit der Architektur ist vorbei, die der Architekturen hat begonnen. Nouvel gesteht, viele lieben zu können. „Reine und unreine... spontane und besonders ausgeklügelte, die der Arbeiter und feinen Leute. Nur lebendig müssen sie sein." Die erste Periode des Architekten Jean Nouvel steht ganz im Zeichen eines modernen Postmodernismus. ▫

Le Marquet, theatrical direction was not confined to the stage but encompassed everything liable to stimulate the audience's attention or enjoyment. The incredibly erudite Le Marquet also persuaded Nouvel to use fiction as a trigger and to elaborate upon the narrative aspects (scenarios) underpinning a project. In a more stricly architectural vein, the implosion was produced by Robert Venturi and his alternative manifesto calling for a complex, contradictory architecture. Although Nouvel denounced the pretext this provided for proponents of historicist nostalgia, he acknowledged the way it revived architectural freedom and unshackled the profession. Architecture, in his eyes, could never again be regarded as an autonomous discipline but was entitled to take on board the disorder and vitality of popular culture, the gaudy glamour and glitz of automobiles and show business. One monolithic architecture had been superseded by a whole range of different architectures, many of which Nouvel was avowedly prepared to embrace. "Pure and impure, virtous or venal, bare or overdressed, spontaneous or sophisticated, plebeian or bourgeois, just so long as they're alive."
A modern post-modernism provided the jubilant keynote to the first phase of Nouvel's architectural career. ■

21

Paris, France

Théâtre de la Gaîté Lyrique
Theater Gaîté Lyrique
Gaîté Lyrique theatre

En 1978, Silvia Monfort cherche un théâtre où établir sa troupe. La Gaîté Lyrique sur laquelle elle a jeté son dévolu est en piteux état et requiert les compétences d'un architecte. Jacques Le Marquet a remarqué un jeune homme qui clame déjà sa méfiance à l'égard du dessin : le scénographe et Jean Nouvel vont élaborer un projet respectueux des fastes du lieu mais propre à le doter des dispositifs nécessaires au théâtre moderne. Les rouges et les ors retrouveront leur éclat. La salle et les aménagements de scène répondront aux exigences d'aujourd'hui en matière de fonctionnement et de sécurité. Les travaux de confortation sont engagés quand passent deux journalistes parisiens en mal de copie. Ils crient au scandale pour quelques poteaux, fins pourtant mais nécessaires pour soutenir une belle verrière fin de siècle. Le chantier est interrompu. Silvia Monfort trouve refuge au Carré Thorigny. La Gaîté Lyrique sera massacrée dans l'année qui suit.

1978 ist Silvia Monfort auf der Suche nach einem Theater für ihre Truppe. Das Gaîté Lyrique, auf das sie ein Auge geworfen hat, ist in einem bedauernswerten Zustand, der die Kompetenz eines Architekten erfordert. Jacques Le Marquet war ein junger Mann aufgefallen, der sein Mißtrauen der Zeichnung gegenüber proklamiert: Daraufhin erarbeiten der Bühnenbildner und Jean Nouvel gemeinsam ein Projekt, das die Pracht des Gebäudes respektiert, aber auch eine für ein modernes Theater erforderliche Ausstattung umfaßt. Die Rot– und Goldtöne erhalten neuen Glanz. Der Saal und die Bühnenausstattung werden so hergerichtet, daß sie den heutigen Anforderungen im Hinblick auf Funktion und Sicherheit entsprechen. Zwei Pariser Journalisten finden einige Stützen skandalös, die dennoch diskret, aber als Verstärkung für Glasflächen aus der Jahrhundertwende erforderlich sind. Silvia Monfort sucht Zuflucht im Carré Thorigny. Im darauffolgenden Jahr wird das Gaîté Lyrique massakriert.

In 1978, Silvia Monfort was seeking a base for her theatre company; she fell for the Gaîté Lyrique, a dilapidated building badly in need of renovation. The young Jean Nouvel, already an outspoken critic of mere design, had come to the notice of scenographer Jacques Le Marquet. Le Marquet and Nouvel drew up a project providing modern facilities while respecting the building's original splendour. The gleaming red and gold decor was to be refurbished, the auditorium and stage layout would be renovated to meet up-to-date functional and safety standards. Reinforcement work was already underway when two Parisian journalists, short on copy no doubt, wrote a scandal-mongering article criticizing a few slim, unobtrusive structural posts required to support a fine, late 19th-century glazed roof. Work ground to a halt and Silvia Monfort had to decamp to the Carré Thorigny theatre. The following year, the Gaîté Lyrique was massacred.

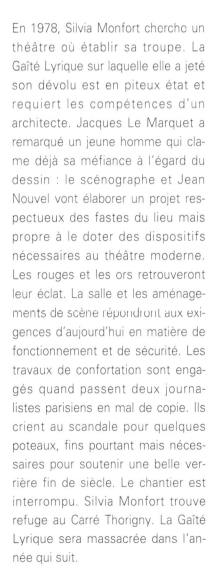

À la modernisation des équipements scéniques répondait l'attention minutieuse portée à la mise en valeur des restes du vieux théâtre et le traitement fin des détails afin de retrouver l'esprit de sa splendeur passée.
Le balcon (à gauche), le cadre de scène et un dessin du foyer (ci-dessus), le déambulatoire (page suivante)

Bei der Modernisierung der Bühnenausstattung wurde mit großer Sorgfalt vorgegangen, um die Substanz des alten Theaters aufzuwerten, die Details auf sensible Art zu bewahren und den Geist und die Pracht vergangener Zeiten aufleben zu lassen. Der Balkon (links), die Bühne und eine Zeichnung des Foyers (oben) sowie der Wandelgang (folgende Seite).

Modernisation of the stage facilities went hand in hand with the meticuluous attention paid to highlighting the remaining features of the old theatre and to the delicate treatment of details in order to revive the spirit of its past splendour. The balcony circle (left), the picture-frame stage, and a drawing of the foyer (above), the ambulatory (overleaf).

Bezons, France

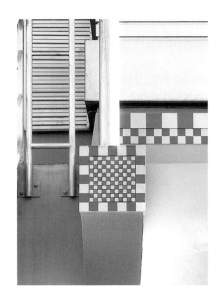

Clinique
Klinik
Clinic

Premier bâtiment à faire remarquer Jean Nouvel, la clinique de Bezons tranche sur la production de l'époque. Sise dans une banlieue où poussent en désordre modestes pavillons, logements sociaux en barre et hangars industriels, la clinique vient compléter un bâtiment un peu sévère des années 50. Elle se compose d'un centre de dialyse, d'une maternité et d'un secteur voué à l'hébergement de convalescents postopératoires.

Jean Nouvel a choisi de traiter les séjours de courte durée comme une villégiature ou, mieux, comme un petit voyage en mêlant la métaphore ferroviaire aux allusions nautiques. Enveloppée de bardage comme un train transeuropéen, la clinique présente des ouvertures aux allures de hublots, des mâts et des coursives ; les chambres offrent une hospitalité et un confort efficaces avec leurs accessoires d'acier et leurs boiseries de paquebot de croisière. Avec son bardage brillant et ses motifs de céramique bleus et blancs, elle vient comme un objet un peu incongru éclairer d'une note optimiste la grisaille de la périphérie.

Die Klinik von Bezons, mit der Jean Nouvel erstmals Aufmerksamkeit hervorruft, bricht mit dem Stil der damaligen Zeit. In einem Vorort gelegen, wo planlos schlichte Einfamilienhäuser, phantasielose Sozialbauten und Industriehallen entstehen, ergänzt die Klinik ein etwas streng geratenes Gebäude aus den fünfziger Jahren. In ihr untergebracht sind ein Dialysezentrum, eine Entbindungsstation und ein Bereich für postoperative Konvaleszenten.

Jean Nouvel hatte die Idee, kurze Klinikaufenthalte als Erholungsurlaub bzw. Reise zu behandeln, wobei er Eisenbahn-Metaphern und Anspielungen auf das Meer verwandte. Äußerlich einem transeuropäischen Zug ähnelnd, umfaßt die Klinik Öffnungen in der Art von Bullaugen, Masten und Verbindungsbrücken; die Zimmer mit ihrer Ausstattung aus Stahl und Holzvertäfelung eines Passagierdampfers sind freundlich und von effizientem Komfort. Mit ihrem glänzenden Äußeren und den blau-weißen Keramikmotiven lockert sie das Grau in Grau des Randgebietes auf.

The Bezons Clinic, sharply contrasting with other contemporary projects, was Nouvel's first building to attract critical attention. Located in a heteroclite setting of small suburban houses, blocks of low-cost flats and industrial warehouses, it is an extension to a rather stark 1950s building. It includes a dialysis centre, maternity unit, and post-operative convalescence ward.

In a blend of railway metaphor and nautical allusion, Nouvel's treatment of the short-term patient facilities echoes a holiday resort or, more precisely, a short voyage. The metal corrugated cladding evokes transeuropean express trains, there are port-hole openings, masts and walkways; the bedrooms with their steel fittings and cruise liner wood panelling are hospitable and efficiently comfortable. The building, a somewhat incongruous object with its gleaming metal walls and blue and white ceramic motifs, at that time, Nouvel was calling for a rehabilitation of the long doomed ornament, adds a note of optimism to the drab suburban environment.

Une métaphore du voyage avec passerelles, hublots et bastingages soulignés de motifs ornementaux.

Eine Reise-Metapher: Verbindungsbrücken, Bullaugen und Geländer, hervorgehoben durch schmückende Motive.

A travel metaphor with gangways, port-holes, and rails highlighted by ornamental motifs.

De longues horizontales rythmées
donnent au bâtiment une touche
« streamline ». Des chambres cabines
en boiserie de loupe et un laboratoire
de dialyse clair et pimpant
sécurisent le patient.

Die langen, rhythmischen Flächen
verleihen dem Gebäude eine gewisse
„Streamline". Die getäfelten
Kabinenzimmer und ein helles,
schickes Dialyselabor wirken
beruhigend auf den Patienten.

Long, rhythmical horizontals give the
building a streamlined touch. Cabin
rooms with gnarled-wood panelling,
and a bright, spruce dialysis lab
creating a reassuring atmosphere
for patients.

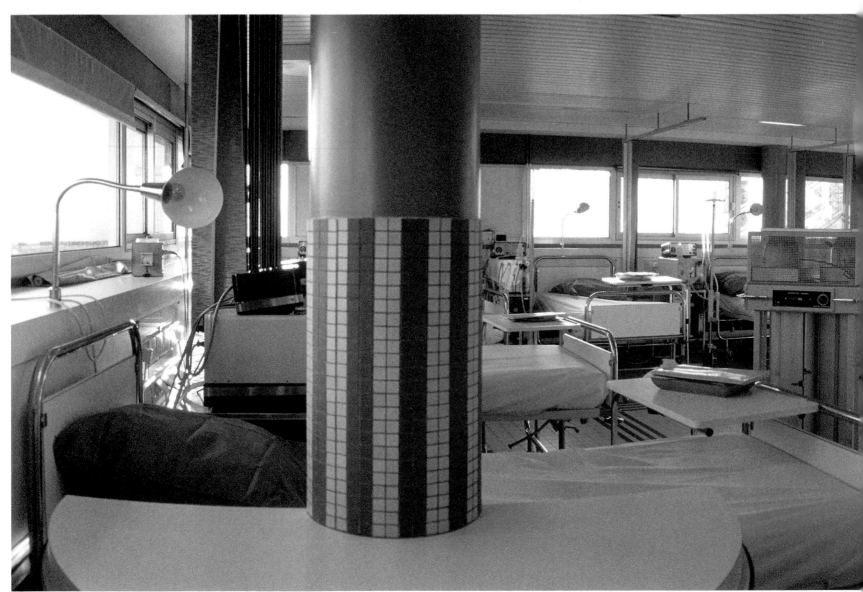

Antony, France

Collège
Gymnasium
Secondary School

Le collège d'Antony est exemplaire a plus d'un titre : il témoigne de la volonté de Nouvel de développer une architecture critique qui dénonce les aberrations d'un système ; il ouvre la voie à une esthétique moderne qui trouve ses sources dans l'avant-garde des arts contemporains : le projet a recueilli préalablement l'adhésion des enseignants et parents d'élèves.

Contraint par la politique des modèles industrialisés suivie par l'Éducation nationale d'adopter un mécano constructif composé de cinquante pièces, Jean Nouvel en retient trois : un poteau, une poutre, un panneau de façade. De ces éléments dont la combinatoire est supposée ménager de la flexibilité, il déduit un plan raide et académique. La répétitivité de la trame engendre un motif décoratif que Nouvel colorie et dont il sature les façades. Comble de l'hérésie, la structure affirmée de l'atrium d'entrée se révèle inutile.

Au cadre digne et ampoulé de la pédagogie traditionnelle, Nouvel substitue un univers ludique et plus en phase avec l'univers « ado » sans doute qu'avec celui du corps

Das städtische Gymnasium von Antony ist aus mehr als einem Grund beispielhaft: Es gibt zu erkennen, daß es Jean Nouvel darauf ankommt, eine kritische Architektur zu entwickeln, die die Unstimmigkeiten eines Systems aufdeckt; er bedient sich einer modernen Ästhetik, die ihren Ursprung in der Avantgarde zeitgenössischer Kunst hat: im Vorfeld wurden Eltern und Lehrer zur Planung hinzugezogen.

Gezwungen durch die vom französischen Ministerium für Erziehung befürwortete Politik, sich eines aus 50 Einzelteilen bestehenden Baukastensystems zu bedienen, wählt Jean Nouvel ganze drei aus: eine Stütze, einen Träger, ein Fassadenfeld. Von diesen Elementen ausgehend, deren Kombination Flexibilität erlauben soll, entwickelt er einen starren und akademischen Grundriß. Die Wiederholung des Rasters ergibt ein dekoratives Motiv, das Nouvel koloriert und womit er die Fassaden sättigt. Gipfel der Ketzerei: Die betonte Struktur des Eingangs stellt sich als überflüssig heraus.

Dem würdevollen und schwülstigen Rahmen der traditionellen Pädagogik

The Antony school is exemplary in several respects: it illustrates Nouvel's desire to develop a critical architecture stigmatizing the absurdities of a system, and it paves the way for a modern æsthetic drawing inspiration from avant-garde movements in the contemporary arts. The project obtained the prior approval of teachers and parents.

Constrained by the policies of the Education Ministry's standardised modular industrial systems which required architects to adopt a "meccano" type 50 piece constructional kit, Nouvel chooses to use no more than three elements – past, beam and facade panel. These elements, which in combination were supposed to provide flexibility, were used by Nouvel to achieve a rigid, academic plan. As a crowning heresy, the expressed structure of the entry atrium is quite superfluous.

Nouvel has replaced the solemn, bombastic atmosphere of traditional pedagogy by playful surroundings no doubt more attuned to the teenage world than to that of schoolteachers. The features which he

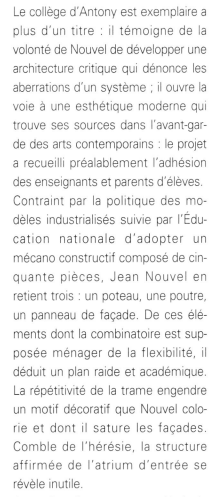

Les néons du show-business, les lignes colorées des salles de sport, les colonnes tronquées et futiles : un environnement pédagogique stimulant pour les adolescents.

Grelles Neonlicht, buntgestreifte Sportsäle, belanglose Säulenstümpfe: ein stimulierendes Umfeld für „Teenies".

Show biz neon-lighting, coloured lines in the sports rooms, and superfluous truncated columns: a stimulating pedagogical environment for adolescents.

Un système industrialisé réduit à trois
éléments est le prétexte à des jeux
formels et à une esthétique
brutale et colorée.

Ein auf drei Elemente reduziertes
Baukastensystem ist der Vorwand
für formale Spiele
und eine farbig-heftige Ästhetik.

A modular industrialised system
reduced to three elements provides
the pretext for formal play
and a brutal, colourful aesthetic.

enseignant : espaces zébrés de
néons colorés, parpaings rudes des
parois marqués au pochoir de
nombres mystérieux, simulacres de
statuaire antique nimbés de rouge
dans une esthétique violente qui
procède à la fois de la discothèque
du samedi soir et de certains
aspects de l'art conceptuel ou de
l'*arte povera* dans la jubilation d'une
liberté retrouvée de l'architecture.

setzt Nouvel ein spielerisches
Universum entgegen, das den
Vorstellungen der „Teenies" zweifellos eher entspricht als jenen der
Lehrer: mit bunten Neonröhren
gestreifte Räume, mysteriöse Zahlen
auf den rauhen Steinen der Wände,
vorgetäuschte antike Statuen von
grellem Aussehen, was einerseits
Diskotheken abgeguckt ist und
andererseits gewisse Aspekte
konzeptueller Kunst oder der *arte
povera* aufweist. Ergebnis: eine
Architektur, die sich ihrer wieder-
erlangten Freiheit erfreut.

has introduced include spaces
with coloured neon strip lighting;
mysterious numbers stencilled on
rough concrete-block walls, and
mock classical statuary suffused
with red. The overall effect produces
a violent aesthetic inspired by the
saturday night disco and certain
aspects of conceptual art or *arte
povera* in a jubilant rediscovery of
architectural freedom.

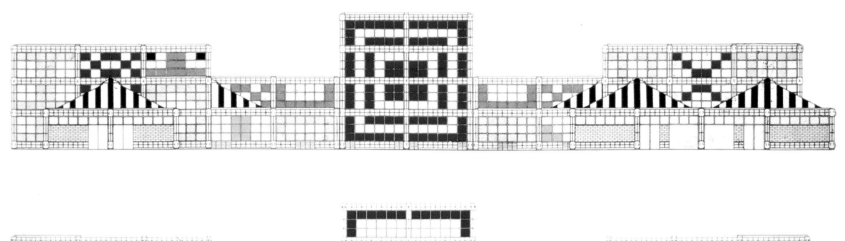

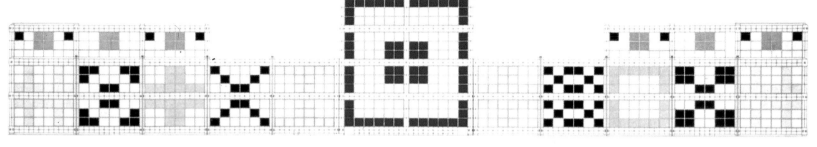

Belfort, France

Théâtre
Theater
Theatre

La rénovation d'un théâtre du XIXᵉ siècle fané par les ans est l'occasion pour Jean Nouvel d'apporter les preuves par le construit de la pertinence de principes énoncés lors d'études précédentes faites avec Jacques Le Marquet : doter un vieux théâtre des équipements nécessaires à la scénographie moderne n'implique ni amnésie ni pastiche. L'attitude la plus juste consiste au contraire à magnifier les traits caractéristiques de l'architecture du bâtiment et d'y opérer les interventions utiles sans ostentation ni camouflage.

À Belfort, le bâtiment original avait subi des modifications et des additions erratiques. Jean Nouvel en conjure les effets en bouchardant les médiocres enduits de hachures qui font apparaître la brique. La façade aveugle qui surplombait la rivière est ouverte à la ville d'un coup de tranchoir – la « coupe » architecturale comprise au pied de la lettre – offrant le spectacle de la vie de l'édifice dans les salles de répétition, la brasserie et le bar.

À l'intérieur du bâtiment deux systèmes esthétiques se conjuguent et

Die Renovierung eines im Laufe der Jahre verblichenen Theaters aus dem 19. Jahrhundert ist für Jean Nouvel die Gelegenheit, die Triftigkeit jener Prinzipien zu beweisen, die zuvor mit Jacques Le Marquet in Studien zum Ausdruck gebracht wurden: Ein altes Theater mit modernen Ausstattungen zu versehen hat nichts mit Vergessen oder Abklatsch zu tun. Das beste Vorgehen besteht im Gegenteil darin, das Charakteristische des Gebäudes hervorzuheben und nützliche Veränderungen ohne besonderes Zurschaustellen noch Verbergen vorzunehmen.

Am ursprünglichen Gebäude in Belfort waren unglückliche Um- und Anbauten vorgenommen worden. Jean Nouvel entfernte den schlechten, den Ziegelstein freilegenden Verputz. Die blinde, den Fluß überragende Fassade wurde – mit einem „Schnitt" im wahrsten Sinne des Wortes – geöffnet, wodurch die Probebühnen, die Brasserie und die Bar am Leben des Hauses teilhaben.

Im Innern des Bauwerks dann zwei ästhetische Systeme, die sich paaren und gegensätzlich sind: Das eine strebt danach, die Pracht und den

The renovation of an ageing 19th century theatre gave Jean Nouvel an opportunity to demonstrate in built form the validity of principles set out in previous designs with Jacques Le Marquet: equipping an old theatre with modern stage facilities implies neither amnesia nor pastiche; on the contrary, the ideal approach is to highlight the characteristic features of the building's architecture while at the same time avoiding ostentation and camouflage in conversion work.

The original Belfort building had undergone a haphazard series of alterations and additions. Nouvel mitigated the effect of these by bush-hammering hatching into the shoddy plasterwork thus exposing the brick. An opening onto the town was hewn out of the blind facade perched over the river. This new opening was an architectural "section" in a very literal sense and it revealed the life of the building, its rehearsal rooms, brasserie and bar.

The interior treatment combines two contrasting aesthetic approaches: the first tend to re-

Une attitude tranchée : brutale à l'égard d'un existant médiocre, respectueuse et raffinée pour ses qualités.

Eine klare Einstellung: rücksichtslos im Hinblick auf Minderwertiges, respektvoll und raffiniert gegenüber Wertvollem.

A clear-cut attitude: brutal as regards existing mediocrity, respectful and refined as regards its qualities.

Le contraste entre la pompe suave du XIXᵉ siècle et la décrépitude érigée en esthétique punk donne au théâtre son actualité.
À droite, la coupe architecturale et sa mise en œuvre littérale pour ouvrir le bâtiment à la ville.

Der Kontrast zwischen dem lieblichen Pomp des 19. Jahrhunderts und dem in Punk-Ästhetik verwandelten Verfall verleiht dem Theater seine Aktualität. Rechts der Schnitt im wahrsten Sinne des Wortes und die Öffnung des Gebäudes zur Stadt hin.

The contrast between smooth 19th-century pomp and dilapidation raised to the level of aesthetic punk highlight the theatre's present-day activities. The architectural "section", in a very literal sense, (right) opens the building onto the town.

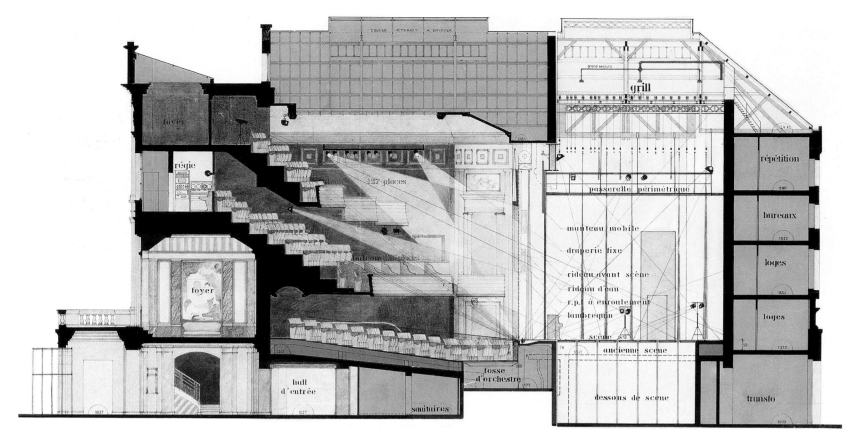

s'opposent : l'un tend à restituer et rehausser les fastes et les atours d'époques révolues en soulignant la préciosité des ors, des moulures et des fresques et en réinterprétant la gamme chromatique de la salle ; l'autre se plaît à pétrifier des espaces décrépis et les enluminer de motifs subtils, une manière d'anoblir le punk par une sophistication inattendue. Le théâtre affiche ses différentes époques remises à jour ainsi que sa vie nouvelle avec ses journaux lumineux et ses néons clignotants.

Putz vergangener Zeiten neu zu beleben, indem es die Preziosität von Gold, Stuck und Fresken hervorhebt und die Farben des Saales einbezieht; das andere gefällt sich darin, jene abgekratzten Flächen zu versteinern, die mit subtilen Motiven ausgemalt wurden – eine Art, Punk durch unerwartete Eleganz zu veredeln. Das Theater zeigt seine verschiedenen, neu erkennbaren Epochen und sein heutiges Leben mit Leuchtinfos und blinkendem Neonlicht.

create and enhance the pomp and finery of former period by highlighting the mannered gilding, mouldings and frescos and reinterpreting the auditorium's colour scheme; while the other transfixing the dilapidated spaces, illuminating them with subtle motifs – "punk" dignified by an unexpected touch of sophistication. With its electronic bulletin boards and flashing neon lights, the theatre proclaims its revamped past and its new vocation.

Combs-la-Ville, France

Centre culturel La Coupole
Kulturzentrum La Coupole
La Coupole Cultural Centre

Conçu dans la tradition des galeries marchandes, le passage nimbé de bleu électrique forme antichambre aux salles de spectacle.

In der Tradition der Geschäftsgalerien konzipiert, bildet die elektrischblau umflossene Passage den Vorraum zu den Sälen.

Designed in the style of a traditional shopping arcade, the large gallery with its diffused electric-blue light acts as an antechamber to the auditoria.

Il y a quelque chose d'irréel dans les villes nouvelles, dans leur inachèvement et leur hétérogénéité fatale. Pour le centre culturel de Combs-la-Ville, bâti au cœur de cet ailleurs qui est un nulle part, Jean Nouvel n'a eu de choix stratégique qu'entre mimétisme et renversement. Les deux salles de spectacle épousent en veuves noires la forme de la piscine Tournesol voisine. La façade principale plagie les couleurs « pizzeria » du centre commercial qu'elle prolonge. Il s'agit bien ici de tenter de donner sens et cohérence à un lieu flou et sans histoire. L'identité propre du centre est plus sensible dans la grande galerie qui relie les deux salles, avec sa passerelle haute barrant l'espace d'un trait. Elle s'exprime avec force dans la mise en scène, sur le fond de béton noir des salles de spectacle, de l'équipement technique – tuyauterie brillante enchâssée sous verre armé –, dans les éclairages d'aquarium bleuté et les vitrages gravés de silhouettes. La vaste enseigne lumineuse dans la tradition du music-hall suggère que la leçon de Las Vegas ne fut pas vaine.

Ihre Unabgeschlossenheit und fatale Zusammenhanglosigkeit verleihen den Trabantenstädten etwas Irreales. Für das Kulturzentrum von Combs-la-Ville, im Herzen eines Niemandslandes entstanden, hatte Jean Nouvel lediglich die Wahl zwischen Anpassung und Umkehrung. Die beiden Aufführungssäle passen sich der Form des benachbarten Tournesol-Schwimmbads an. Die Hauptfassade plagiiert die „Pizzeria"-Farben des sich anschließenden Einkaufszentrums. Hier ging es darum, zu versuchen, einem undefinierbaren, geschichtslosen Ort Sinn und Kohärenz zu verleihen. In der großen Galerie mit ihrer Fußgängerbrücke, die die beiden Säle miteinander verbindet, kommt die eigentliche Identität des Zentrums stärker zum Ausdruck. Mit dem schwarzen Beton der Rückwand der Säle liegt ihre ganze Stärke in der Inszenierung der technischen Ausstattung, in der auquamarinblauen Beleuchtung und in der mit Silhouetten bedruckten Verglasung. Und das große Leuchtschild ist ein Beweis dessen, daß die Lektion von Las Vegas nicht vergebens war.

New towns, lacking completion and inescapably heterogeneous, are somehow unreal. In the case of Combs-la-Ville cultural centre which lay in the heart of one such nondescript environment, Nouvel's strategic options were limited to imitation or inversion. The twin auditoria are like two black widows hugging the form of the neighbouring Tournesol swimming-pool; the main facade adopts the same "pizzeria" colour scheme as the adjacent shopping centre. The aim is to bring meaning and coherence to an indeterminate, anonymous place. The centre's specific identity emerges in the large gallery linking the twin auditoria, with its upper footbridge striking across the space, and is forcefully expressed in the staging of the technical facilities – gleaming piping encased in reinforced glass – set against the black concrete of the auditoria, the bluish aquarium lighting, and the silhouette-engraved glazing. The huge variety-theatre neon sign obviously draws from the learnings from Las Vegas.

Dans le flou de la ville nouvelle, l'enseigne de music hall désigne le centre culturel. Avec ses voisins immédiats, une piscine tournesol, un centre commercial et sa pizzeria bariolée, le bâtiment a établi un rapport mimétique décalé : rondeur des salles de spectacle noires, ponctuation rouge et jaune serin des façades de métal et de verre.

In der Verschwommenheit der Trabantenstadt kennzeichnet das Variété-Leuchtschild das Kulturzentrum. Mit seinen direkten Nachbarn, einem „Tournesol"-Schwimmbad, einem Einkaufszentrum mit einer kunterbunten Pizzeria, zeigt sich das Gebäude verschoben angepaßt: runde, schwarze Säle, rot und kanariengelb markierte Fassaden aus Metall und Glas.

In the nondescript new town environment, the variety-theatre neon sign identifies the cultural centre. With its curving black auditoria, and glass and metal facades punctuated by red and canary-yellow, the building has established a transposed mimetic relationship with its immediate neighbours: a sunflower swimming pool, and a shopping mall with its gaily-coloured pizza parlour.

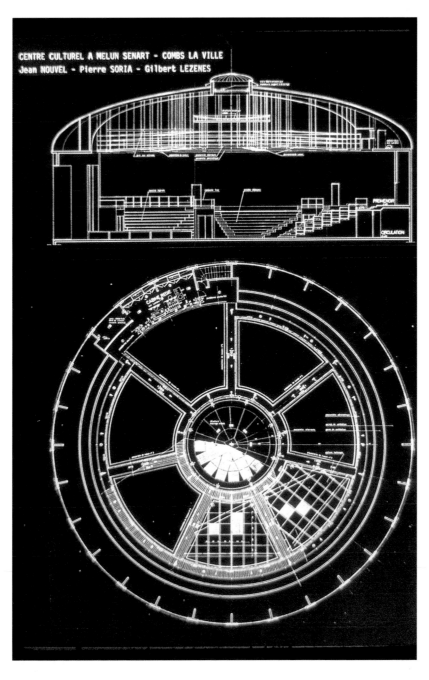

CENTRE CULTUREL A MELUN SENART - COMBS LA VILLE
Jean NOUVEL - Pierre SORIA - Gilbert LEZENES

L'industrie détournée
Industrie auf neuen Wegen
Industry diverted

*La technique doit être au service
d'une émotion ou d'un symbole.*

*Die Technik muß sich in den Dienst
von Emotionen oder Symbolen stellen.*

*Technique should be instrumental in creating
an emotion or a symbol.*

Est-ce parce qu'il fut un bâtisseur précoce ? Jean Nouvel affecte à l'égard des techniques de la construction une franche indifférence. Non qu'il les méprise, bien au contraire. Il sait se montrer attentif à leur évolution et à leurs développements et se tient scrupuleusement au fait de toute innovation. C'est leur expression qui le laisse froid. Une « belle » poutre ou une structure exhibée ne possèdent à ses yeux qu'une séduction médiocre. Il s'est d'ailleurs, et sans en contester les mérites, tenu à bonne distance du high tech britannique dont l'expressionnisme débridé lui semble désuet et superfétatoire. Il s'en est ouvert à plusieurs reprises en comparant les techniques de construction à celles qui contribuent au cinéma : « Dans un film, je ne tiens pas à ce qu'on me montre la virtuosité d'un mouvement de caméra ; la plupart du temps elle nuit à l'émotion qu'elle est censée faire naître. » Dans les édifices de Nouvel, l'exploit technique sera soigneusement dissimulé, au grand dam des ingénieurs qu'il lui faudra convaincre que cela ne fait qu'en renforcer le mystère et participer d'une esthétique du miracle (comment ça tient ?).

Paradoxalement, l'architecte est fasciné par les images du progrès. Les grands modernes des temps héroïques, Le Corbusier et Gropius, contemplaient avec ferveur les paquebots et les silos à grain. À ces références qui ont pris quelques rides, Nouvel a substitué des lieux et

Ist es damit zu erklären, daß er sehr früh mit dem Bauen begann? Jean Nouvel ist den Bautechniken gegenüber eher indifferent. Was nicht heißt, daß er sie mißachtet, ganz im Gegenteil. Ihrer Entwicklung widmet er großes Interesse, und Neuerungen verfolgt er gewissenhaft. Was ihn kalt läßt, ist vielmehr ihr Ausdruck. Für einen „schönen" Balken oder ein zur Schau gestelltes Tragwerk kann er sich nicht begeistern. Ohne im übrigen die Verdienste des britischen High-Tech (dem er stets skeptisch gegenüberstand) in Frage zu stellen, dessen zügellosen Expressionismus er aber für überholt und überflüssig hält. Darüber hat er sich mehrmals geäußert und Bau- mit Filmtechniken verglichen: „Wenn ich mir einen Film ansehe, lege ich keinen Wert darauf, daß man mir einen besonders gelungenen Kameraschwenk zeigt; denn meistens geht das zu Lasten der Emotion." In den Bauten Nouvels werden besondere technische Leistungen sorgfältig verborgen, zum großen Ärger der Ingenieure, die er davon überzeugen muß, daß das zu einem noch größeren Mysterium und einer an Wunder grenzenden Ästhetik (wie hält das bloß?) beiträgt. Paradoxerweise ist der Architekt von den Bildern des Fortschritts fasziniert. Die großen Modernen der heroischen Zeit, Le Corbusier und Gropius, begeisterten sich für Passagierschiffe und Kornspeicher. Diese Referenzen aus einer anderen Zeit wurden von Nouvel durch Orte und Strukturen ersetzt, die aus jenen Sprüngen

Jean Nouvel, perhaps due to his early professional experience, is utterly indifferent to building techniques. It is not that he scorns them; on the contrary, he keeps track of developments and scrupulously familiarizes himself with any innovation introduced in this field. It is their expression which leaves him cold. In his eyes, a "fine" beam or an expressed structure have only limited appeal. Moreover, without challenging its merits, he has kept aloof from British high tech and its unbridled expressionism which he regards as outdated and superfluous. On several occasions he has aired his views, comparing building techniques to those of the cinema: "In a film, I'm not interested in the virtuosity of a camera movement; in most cases it would spoil the intended emotional effect." In Nouvel's buildings, technical feats are carefully concealed, to the extreme annoyance of the engineers whom he has to convince that to do so is to heighten the mystery and partake in the miraculous (that which causes people to ask how on earth it works).

Paradoxically, he is fascinated by images of progress. Le Corbusier and Gropius, the great pioneering modern architects, were spellbound by ocean liners and grain silos. For his part, Nouvel has replaced such somewhat dated references by others which he has drawn from examples of late twentieth-century technical

Silos, aéroplanes et paquebots, icônes de la modernité héroïque ont fait place à des référents plus actuels. Parmi eux : les porte-avions – rénovation du campus de Jussieu (page précédente) –, les plates-formes de forage – maison Lego (à droite) et Exposition universelle 1989 (en bas à droite) – ou les paysages industriels et aéroportuaires – bâtiment de stockage à Kriens.

Silos, Flugzeuge und Passagierschiffe, die Ikonen der heroischen Modernität, überließen aktuelleren Denotaten das Feld. Dazu zählen Flugzeugträger – Instandsetzung des Campus von Jussieu (vorhergehende Seite) –, Off-shore-Plattformen – Haus Lego (rechts) und die Weltausstellung 1989 (unten rechts) – sowie Industrielandschaften und Flugplatzgelände – Lagerhaus in Kriens.

Silos, airplanes and ocean liners, the icons of pioneerng modernity, have given way to more up-to-date references, including: aircraft-carriers – renovation of Jussieu university campus (overleaf); drilling rigs – Lego House (right) and 1989 World's Fair (below, right); or industrial and airport landscapes – Kriens storage building.

des appareils issus des bonds effectués par le progrès dans la seconde moitié du siècle : les équipements portuaires, leurs ponts roulants et leurs piles de containers, les aéroports, leurs hangars gigantesques et leur balisage coloré, les fusées, les plates-formes de forage *off shore* constituent une imagerie de notre temps dans laquelle il puise avec un enthousiasme juvénile. En dépit du zoning et de la ségrégation urbaine auxquels elle a participé, l'architecture industrielle demeure à ses yeux exemplaire. Parce qu'elle a su faire d'une spatialité et d'un vocabulaire particuliers une exploitation simple. Qu'elle s'est montrée directe, efficace, économe, sans préjugés et audacieuse dans l'utilisation des matériaux les plus récents et des techniques « pointues » de mise en œuvre. Nouvel en a reconnu les vertus, la solidité et l'esthétique un peu fruste mais forte. Il s'en est approprié les modes opératoires. Il a effectué des transferts de technique auxquels peu d'architectes avaient songé (ou qu'ils n'avaient pas osés). Qui en Europe – hors l'ingénieur pionnier Jean Prouvé – avait domestiqué le bardage métallique avec cette franchise et ce raffinement ? Nouvel a semé là quelques modèles qui, en bonne logique, ont été allègrement pillés. Puis il s'en est allé puiser à d'autres sources ignorées ou négligées jusqu'alors par les architectes. Qu'importe ! La voie était ouverte dont les méandres demeurent à explorer. ■

hervorgehen, die dem Fortschritt in der zweiten Hälfte dieses Jahrhunderts gelangen: Hafenanlagen mit ihren Rollstegen und Containerstapeln, Flughäfen mit ihren gigantischen Hallen und der farbigen Befeuerung, Raketen und Off-shore-Plattformen stellen Bilder unserer Zeit dar, aus der er mit juveniler Begeisterung schöpft. Trotz der Schaffung von Zonen und der Funktionsteilung in den Städten, wozu der Industriebau ja beigetragen hat, bleibt er für Nouvel beispielhaft. Weil er es verstanden hat, einen besonderen Raum und eine besondere Sprache auf einfache Art zu nutzen. Weil er direkt, effizient, wirtschaftlich, unbefangen und mutig mit dem neuesten Material und den „Spitzen"-Techniken umzugehen weiß. Nouvel schätzt seine Eigenschaften, seine Solidität und seine ein wenig grobe, aber kraftvolle Ästhetik. Davon hat er Gebrauch gemacht. Er hat Techniken übernommen, an die nur wenige Architekten gedacht (oder sich herangewagt) haben. Wer in Europa – außer dem Pionier-Ingenieur Jean Prouvé – verwandte Metallträger für Wohnhäuser mit einer derartigen Freimütigkeit und Eleganz? Auf Nouvel gehen einige Modelle zurück, die logischerweise mir nichts dir nichts kopiert wurden. Woraufhin er andere, bis dahin den Architekten unbekannte oder von ihnen vernachlässigte Quellen ausschöpfte. Egal! Der Weg, dessen Windungen noch erforscht werden müssen, ist frei. □

progress; harbour facilities with their travelling bridge cranes and stacks of containers, airports with their vast hangars and multi-coloured runway lights, rockets, and off-shore oil rigs provide a stock of contemporary imagery on which he draws with youthful enthusiasm.
He regards industrial architecture as a suitable model, despite the zoning and urban segregation which it has implied, because of the fact that it has made straighforward use of a specific spatiality and idiom, and because it has proved itself direct, efficient, economical, and unprejudiced, daringly employing the latest materials and state of the art building techniques. Nouvel acknowledges its virtues – solidity, and a forceful, if somewhat unrefined, aesthetic, and he has taken on board its *modus operandi*, carrying out technical transfers that few architects had imagined (or dared). Other than the pioneering engineer Jean Prouvé, who in Europe has used corrugated metal cladding in such a frank or refined manner? Inevitably, his novel projects have spawned brazen imitation. But he has then moved on to exploit further hitherto neglected or uncharted architectural source material, opening up new approaches and leaving their ramifications to be explored. ■

Nîmes, France

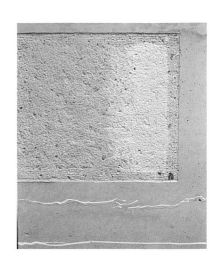

Nemausus
Nemausus
Nemausus

Les logements sociaux Nemausus à Nîmes s'inscrivent dans une longue série d'études. Ici l'esthétique de l'industrie répond à une logique économique et spatiale et permet, à prix de revient égal, d'offrir des espaces d'habitation notablement plus généreux qu'il est d'usage. Les deux longs bâtiments implantés de part et d'autre d'une double rangée de platanes soigneusement conservés sont construits sur la structure de béton la plus simple et répétitive. Bardages d'aluminium en façade, circulations en coursives et escaliers industriels, portes de garage dépliantes, béton brut à l'intérieur sont parmi les solutions économiques qui permettent, sur une typologie d'appartements diversifiée en quelque dix-sept modèles, de fournir des espaces de vie généreux, lumineux et dotés de larges balconsterrasses, bienvenus dans une région où la vie domestique peut se dérouler à ciel ouvert une bonne partie de l'année. Une réussite exemplaire, assombrie par l'entêtement du législateur à calculer les loyers par rapport à la surface plutôt qu'au prix de revient de la construction.

Die Sozialwohnungen Nemausus in Nîmes sind das Ergebnis einer langen Reihe von Studien. Hier gibt die Ästhetik des Industriebaus die Antwort auf eine wirtschaftliche und räumliche Logik und ermöglicht es, zu gleichen Kosten Wohnräume anzubieten, die großzügiger sind als die üblichen. Die beiden langen Gebäude wurden in schlichtester, sich wiederholender Betonkonstruktion errichtet. Aluminiumverkleidete Fassaden, umlaufende Verkehrsflächen und industriell gefertigte Treppen, zusammenklappbare Garagentore und rauher Beton im Innern zählen zu den wirtschaftlichen Lösungen, die bei einem Angebot von 17 unterschiedlichen Wohnungen Lebensräume schaffen, welche großzügig, hell und mit breiten Balkon-Terrassen versehen sind. In einer Gegend, in der sich das häusliche Leben zu einem großem Teil des Jahres unter freiem Himmel abspielt, wird das besonders geschätzt. Dieser beispielhafte Erfolg wird allein durch den Starrsinn des Gesetzgebers beeinträchtigt, der darauf besteht, die Mieten flächen- und nicht der baukostenmäßig festzusetzen.

With the Nemausus low-cost housing project, itself only one of a long series of studies and design projects, the industrial aesthetic corresponds to an economic and spatial logic whereby considerably larger dwelling spaces are provided at standard cost price. The concrete structure of the two long buildings, laid out on either side of a carefully preserved twin row of plane trees, is extremely simple and repetitive. Cost-cutting solutions introduced include aluminium-clad facades, gallery circulations, industrial staircases, folding garage doors, and untreated concrete interiors. Within a varied typology of seventeen different apartment models, these features allow for the provision of ample, well-lit, living spaces with large balcony-terraces, a welcome feature in a region where for much of the year it is possible to live outside. The project was an exemplary success although its full potential was marred by the authorities' insistence on calculating rents in relation to floor area rather than building cost price

Le logement social transfiguré
par l'esprit du loft,
cet espace industriel domestiqué.

Die durch den Geist des Loft,
diesem domestizierten Industriebau,
abgewandelte Sozialwohnung.

Low-cost housing transformed
by the spirit of that domesticated
industrial space - the loft.

Coursives et escaliers d'usine, hautes portes de garage repliables, larges balcons de métal déployé, un look industriel acclimaté par les platanes et les canisses au mode de vie méditerranéen (pages suivantes).

Industriell gefertigte Verkehrsflächen und Treppen, hohe, zusammenklappbare Garagentore, breite Balkone aus Streckmetall: ein Industrie-Look, der sich mit Platanen und provenzalischem Schilfrohr der mediterranen Lebensart anpaßt (folgende Seiten).

Gallery circulations, industrial staircases, high folding garage doors, wide, spreading metal balcony terraces: an industrial appearance acclimatised by plane trees and Mediterranean-style wattle fencing (next pages).

Paris, France

Institut du monde arabe
Institut arabischer Kultur
The Arab World Institute

Le naturel avec lequel l'Institut du monde arabe s'est inscrit dans le paysage parisien en dit long sur ses qualités urbaines : posé aux confins du faubourg Saint-Germain et de l'université de Jussieu, l'édifice assure une transition délicate entre un tissu parisien traditionnel et la modernité un peu brutale du campus : les deux corps de bâtiment, à peine séparés par une faille profonde interrompue par un patio opalescent et orienté vers le chevet de Notre-Dame, se raccordent chacun à une des logiques affrontées et rétablissent la continuité ; le bâtiment nord épouse la courbe de la voie longeant le fleuve tandis que le bâtiment sud, distancié du campus, ménage un large parvis, un « beau geste de générosité urbaine » souligné par Sir Norman Foster.

L'Institut du monde arabe est un édifice moderne de métal et de verre au dessin géométrique rigoureux, dont la technicité constructive est soit dissimulée sous des capotages de métal luisant, soit encore détournée à des fins plus formelles. Ainsi la véritable performance technique est-elle discrète sur la façade nord,

Die natürliche Art, in der sich das Institut du monde arabe in das Pariser Stadtbild einfügt, sagt viel über seine urbanen Qualitäten aus. In unmittelbarer Nähe des Boulevard Saint-Germain und der Universität Jussieu gelegen, stellt das Bauwerk einen delikaten Übergang zwischen dem traditionellen Pariser Stadtgefüge und der ein wenig brutalen Modernität des Campus dar: Die beiden Gebäudeteile sind durch einen tiefen Einschnitt kaum voneinander getrennt, und das eine ist die Antwort auf die Logik des anderen; das Nordgebäude folgt der Biegung der Straße am Fluß, während sich das vom Campus getrennte Südgebäude auf einen breiten Vorplatz öffnet – eine „schöne Geste urbaner Großzügigkeit", so Sir Norman Foster.

Das Institut du monde arabe ist ein rigoros geometrisches Gebäude aus Metall und aus Glas, dessen technoide Konstruktion für formale Ziele abgeleitet wird. So zeigt sich die besondere technische Leistung diskret in der Nordfassade, einer gebogenen, gespannten Vorhangfassade, während die Südfassade

The ease with which the Arab World Institute fits into the Parisian landscape says much for its urban qualities. Located where the Saint-Germain quarter borders onto Jussieu University campus, it ensures a sensitive transition between, on the one hand, a traditional Parisian fabric and, on the other, the rather brutal modernism of the campus itself. Both sections of the building, separated by a deep, hair-line cleft broken by an opalescent patio pointing towards the chevet of Notre-Dame, respond to a particular logic and restore continuity. The northern section hugs the curving riverside thoroughfare while its southern counterpart, set back from the campus, features a large square, a "notable gesture of urban generosity", to quote Sir Norman Foster.

The Arab World Institute is a modern glass and metal building of rigorous geometrical design; constructional technique is either concealed behind a gleaming metal skin or enlisted to more formal purposes. On the north facade – a

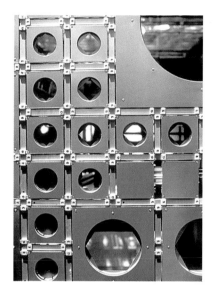

La légèreté de la structure et la mécanique de précision de la façade sud participent au succès du bâtiment.

Die leichte Struktur und präzise Mechanik der Südfassade tragen zum Erfolg des Gebäudes bei.

The lightweight structure and mechanical precision of the south facade are among the building's successful features.

53

La façade sud dans sa splendeur dorée, la délicatesse du positionnement urbain, les vues sur Notre-Dame et l'île Saint-Louis...

Die goldschimmernde Südfassade in ihrer ganzen Pracht; die in städtebaulicher Hinsicht sensible Lage; der Ausblick auf Notre-Dame und Ile Saint-Louis.

The south facade in its gilded splendour, the delicate urban positioning, the views towards Notre-Dame and the Ile Saint-Louis.

mur-rideau suspendu et tendu en courbe, tandis que la facade sud et sa complexité apparente ne mettent en œuvre que des « mécanismes d'horloge de grand-mère ». L'exploit de l'Institut du monde arabe n'est pas de cet ordre. Il est bien plutôt d'associer la modernité à une interprétation à la fois libre et fidèle de l'esprit d'une architecture arabe qui marqua les temps et les territoires. Nouvel en a retenu les signes distinctifs : l'association de la géométrie et de la lumière et des ombres portées et changeantes selon les heures, l'ambiguïté du caché/révélé (le coup du moucharabieh), la multiplication des motifs, l'abstraction... Le parcours où alternent espaces dilatés et espaces confinés s'effectue dans l'ambiance irréelle créée par les filtres successifs des façades, par les ombres en contre-jour des minces escaliers croisés, par le déluge des motifs géométriques – carrés, cercles, hexagones – réfléchis, réfractés, diffractés, projetés sur les parois, les sols, les plafonds dans un kaléidoscope mouvant, comme une pluie d'étoiles filantes.

mit ihrer offenkundigen Komplexität lediglich „großmütterliche Uhr-Mechanismen" einsetzt. Das aber ist nicht das eigentliche Verdienst, welches das Institut du monde arabe darstellt. Eher ist es die Verbindung von Modernität und einer sowohl freien als auch getreuen Interpretation einer arabischen Architektur, die Zeiten und Länder geprägt hat. Nouvel hat sich ihrer Kennzeichen bedient: der Verbindung der Geometrie mit dem Licht und dem sich je nach Tageszeit ändernden Schlagschatten, der Vieldeutigkeit von Verborgenem/Enthülltem, der vielfachen Motive, der Abstraktion... Der Durchgang, bei dem offene und begrenzte Bereiche abwechseln, findet in einer irrealen Atmosphäre statt, die entsteht durch die sukzessiven Filter der Fassaden, die Schatten der schlanken, sich kreuzenden Treppen, die Flut der geometrischen Motive (Vierecke, Kreise, Sechsecke), die auf Wände, Böden und Decken wie in einem Kaleidoskop, wie in einem Sternschnuppenregen reflektiert, gebrochen und projiziert werden.

suspended curved curtain wall – the sheer technical performance remains discreet, while the apparent complexity of the south facade merely deploys the "mechanisms of a grandfather clock". The real achievement of the Institute lies elsewhere however, in the way it allies modernity with a free yet faithful interpretation of the spirit of Arab architecture and its historical and geographical impact. Nouvel has concentrated on the latter's distinctive features: the interplay of geometry, light and hourly changing shadow, the ambiguity of the hidden and the revealed (the *moucharebiya*), the wealth of motifs, abstraction, etc. Expanding and confined spaces alternate in an otherwordly atmosphere created by the successive filters of the facades, the backlit shadows of the slim, criss-crossing staircases, and by the teeming geometrical motifs – squares, circles, hexagons – reflected, refracted, diffracted, and projected onto the walls, floors and ceilings in a swirling kaleidoscope like a shower of shooting stars.

Une lumière tamisée, filtrée en une
myriade de points lumineux , l'IMA s'est
logé au cœur de la ville avec un naturel
confondant (pages suivantes).

Myriaden Lichtpunkte sind das
Ergebnis des gedämpften, gefilterten
Lichts. Das Institut du monde arabe hat
sich mit erstaunlicher Natürlichkeit
im Herzen der Stadt einquartiert
(folgende Seiten).

Soft light, filtered into a myriad of
luminous spots, the AWI fits into the city
centre with amazing ease
(next pages).

Nancy, France

Institut national de l'information scientifique et technique
Nationales Institut der Information für Wissenschaft und Technik
The National Scientific and Technical Information Institute

L'information scientifique comme matière précieuse : le « coffre » de stockage ponctué de rouge et le tunnel d'accès aux mystères.

Wissenschaftliche Information als kostbare Materie: der rot markierte Speicher-„Tresor" und der Tunnel als Zugang zu den Mysterien.

Scientific information as precious matter: the storage "safe" punctuated with red, and the entrance tunnel leading to the mysterious world within.

Situé sur le plateau de Brabois qui surplombe la ville de Nancy, l'INIST est une des réalisations les plus achevées et – est-ce son éloignement ? – une des moins connues de Jean Nouvel. Elle est pourtant révélatrice de la liberté d'un architecte usant d'une métaphore simple – le traitement de l'information comme transformation de matière (grise) – et de sa capacité à la mettre en œuvre d'une manière aussi directement efficace. C'est une usine que dessine Nouvel, une usine dont le plan même est la résultante exacte du *process* : stockage-bibliothèque, traitement des données, centre informatique, administration et services sociaux prennent leur place juste dans une logique productive. Chaque fonction occupe un bâtiment distinct dont la forme est archétypique. Le stockage s'effectue dans un édifice lourd « comme un coffre-fort », à peine déridé par sa ponctuation rouge (les étagères vues au filtre des ouvertures) ; la base de données est une petite barre de bureaux grise soulignée de filets rouges ; le centre informatique déploie sa silhouette basse bardée

Das auf dem Plateau von Brabois oberhalb von Nancy gelegene INIST stellt eine der vollendetsten Realisierungen Jean Nouvels dar, ist aber auch – zurückzuführen auf seine Entfernung ? – eine der unbekanntesten. Obwohl sie Aufschluß gibt über die Freiheit eines Architekten, der eine einfache Metapher verwendet – die Verarbeitung der Information als Umwandlung von (grauer) Materie –, wie auch über seine Fähigkeit, sie höchst effizient einzusetzen. Nouvel hat ein Werk entworfen. Ein Werk, dessen Entwurf die exakte Resultante des *process* ist: Lagern/Bibliothek, Datenverarbeitung, EDV-Zentrum, Verwaltung und soziale Einrichtungen sind entsprechend einer produktiven Logik untergebracht. Jede Funktion hat ihr eigenes Gebäude in archetypischer Form. Gelagert wird in einem Gebäude, das massiv ist „wie ein Safe", jedoch ein wenig aufgeheitert durch rote Zeichen (die in den Öffnungen sichtbaren Regale); die Datenbank ist ein kleines, mit roten Streifen aufgelockertes Bürogebäude in Grau; das EDV-Zentrum zeigt seine niedrige, mit Nirostastahl verkleidete Silhouette; in

Located on the Brabois plateau overlooking the city of Nancy, the INIST building is one of Nouvel's most finished and, perhaps due to its remoteness from Paris, least familiar projects. Yet it offers a fine illustration of the freedom of an architect using a simple metaphor – information processing seen as the transformation of (grey) matter – and at the same time of his capacity to use it in a directly efficient way. Nouvel has designed a factory the very plan of which derives from the processes involved: the library/storage facility, information processing unit, computer centre, administration and social services all fit neatly into a productive logic. Each function is housed in a separate building with its own specific archetypal form. The storage building is massive, "like a safe", a slight touch of gaiety being added by the glimpses of red shelving that can be seen. The data base is a small grey office block highlighted by red bands; the computer centre is a squat, stern, stainless steel-clad building; the administration is housed in four

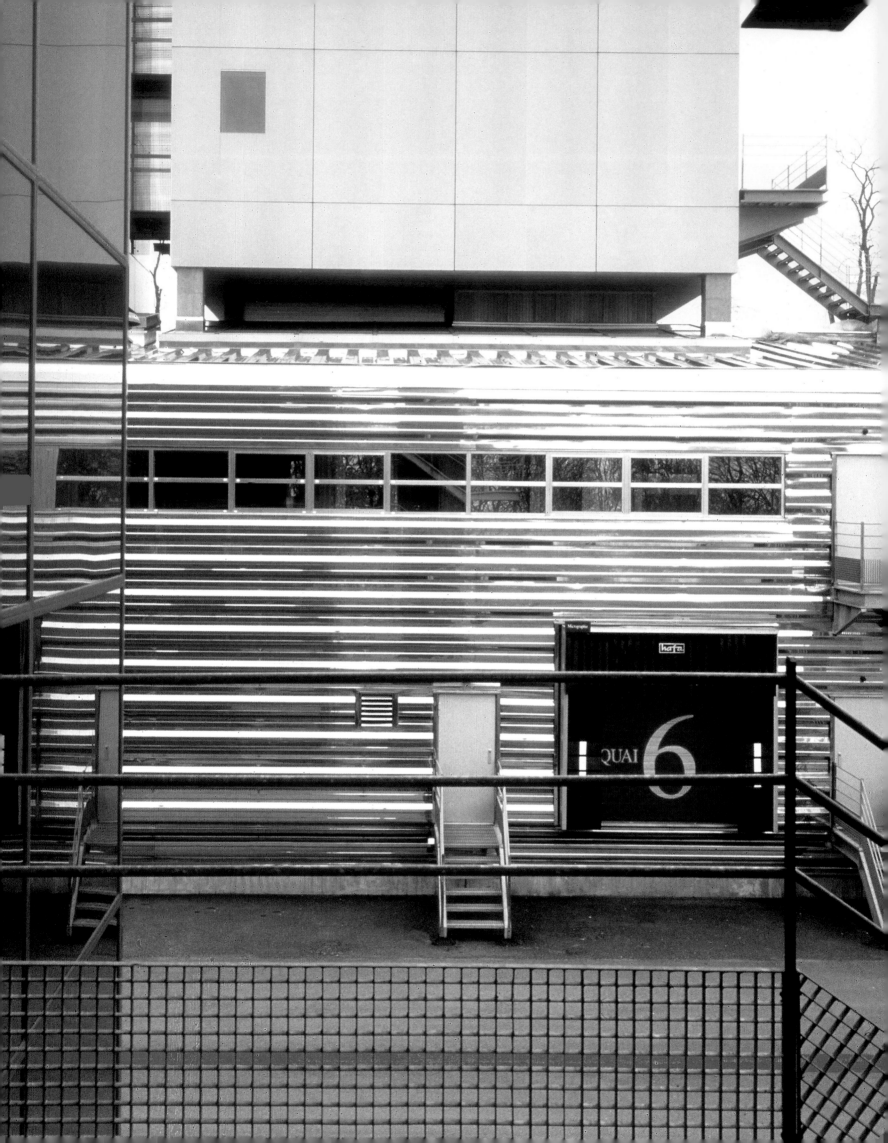

Une « usine » de transformation de la matière : chaque élément prend sa place dans un processus logique (pages précédentes).

Eine Materie verarbeitende „Fabrik": Jedes Element nimmt innerhalb eines logischen Vorgangs seinen Platz ein (vorhergehende Seiten).

A "factory" for the transformation of matter, each element fitting into a logical process (overleaf).

d'acier inox implacable ; quatre cubes minimaux accueillent l'administration ; le centre social et son restaurant en belvédère sont séparés de la zone de production par le tunnel d'entrée au bardage noir strié. À la rigueur du plan répond la précision de la mise en œuvre des matériaux industriels (différents bardages, tôles perforées, métal déployé) dans une gamme de couleurs délibérément retenue (noir, gris, rouge, acier) qui confère à l'usine son raffinement. La beauté de l'efficacité.

vier winzigen Kuben ist die Verwaltung untergebracht; die sozialen Einrichtungen und die erhöhte Kantine mit Ausblick sind durch den schwarz geriffelten Eingangstunnel vom Produktionsbereich getrennt. Dem strengen Plan entspricht die Präzision der Verwendung des industriellen Baumaterials (verschiedene Verkleidungen, Lochblech, Streckmetall) in zurückhaltenden Farben (schwarz, grau, rot, stählern), die dem Werk seine Eleganz verleihen. Schönheit dank Effizienz.

small cubes; the social centre and belvedere restaurant are separated from the production zone by an entrance tunnel encased in scored black corrugated cladding. The rigorous plan is matched by the refined use of industrial materials (assorted cladding, perforated sheet metal, expanded metal) in a specifically subdued range of colours (black, grey, red, steel) creating an overall sense of refinement and the beauty of efficiency.

Bardage d'acier inexorable, marquage franc des ouvertures, éclairement par tubes fluorescents dans une mise en œuvre d'un raffinement « japonais ».

Verkleidet mit unerbittlichem Stahl, markiert durch klare Öffnungen, erhellt dank fluoreszierender Röhren – in einer Art „japanischen" Raffinements.

Inexorable corrugated steel cladding, clearly marked openings and fluorescent strip lighting create a refined "Japanese" atmosphere.

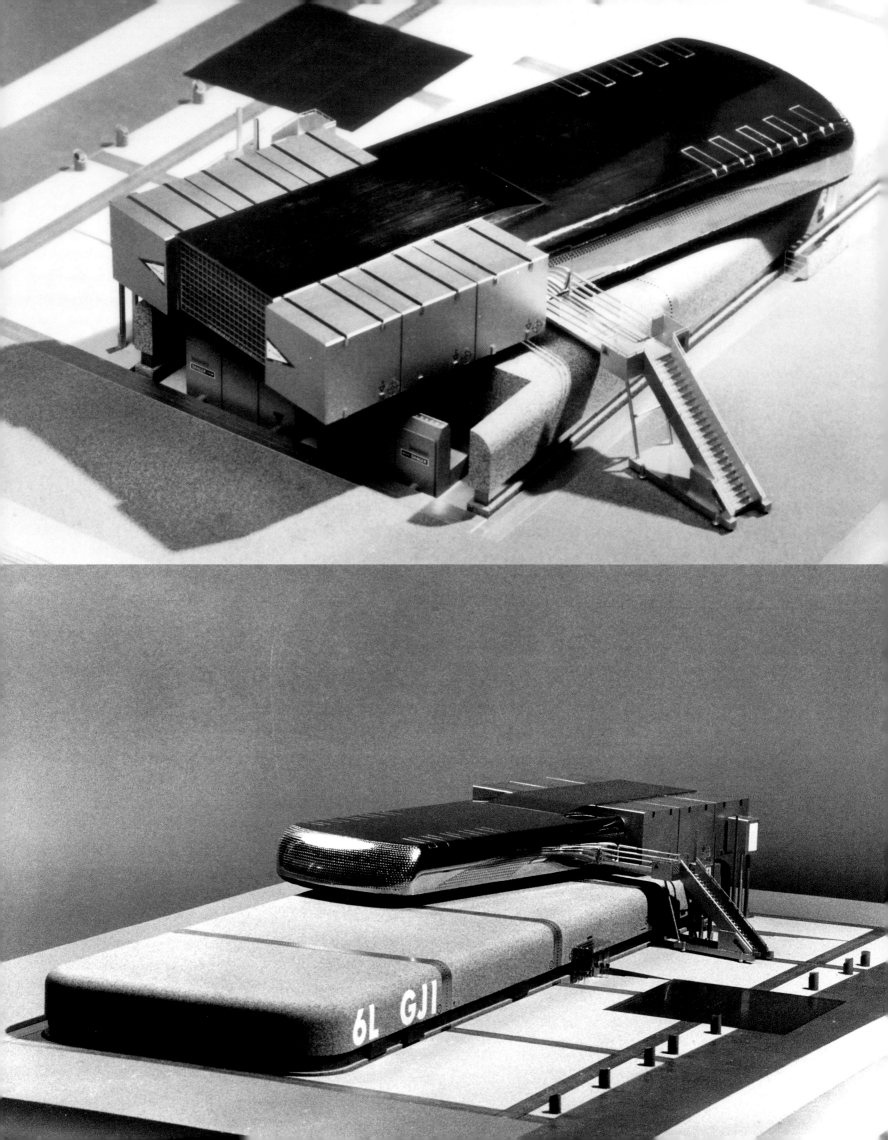

Noir c'est noir
Schwarz ist schwarz
Black is Black

*C'est métallique, noir, brillant avec des filets
rouge, or, argent, et des sigles collés
comme sur un réservoir de moto.*

*Es ist metallisch, schwarz, glänzend, hat rote,
goldene und silberne Streifen und Markenzeichen,
die denen an Motorradtanks ähneln.*

*Gleaming, metallic black, red- and silver-streaked,
with insignia like those pasted
on the fuel-tanks of motorcycles.*

En déniant à l'architecture son autonomie disciplinaire, Jean Nouvel la remet au monde. Il la prive aussi des références exclusives qui ne renvoyaient qu'à elle-même. De l'approche conceptuelle dont il se réclame – l'architecture comme chose mentale – le processus passe par l'analyse, le diagnostic et la définition d'un concept nourri d'idées soigneusement triées qui donneront au projet un sens. Dont la mise en forme devra passer elle-même par un tri des références dans l'immense réservoir offert par le monde contemporain. C'est là que les fétiches et icônes de l'architecte vont jouer un rôle essentiel. Pour Nouvel, ce sont les objets et appareils issus des avancées technologiques ainsi que toute l'imagerie réelle ou fictive qui les accompagne. Parmi eux, une prédilection pour les voitures de Formule 1, les dragsters, les motos de compétition, et les choppers, les jets de chasse, et tous les objets au « design » compact, tendu, capoté et lisse. Leur réplique fictive, Nouvel la trouve au cinéma. Des films culte : *Alien* et *Blade Runner*, les Spielberg de *La guerre des étoiles*, le *2001 Odyssée de l'espace* de Stanley Kubrick. De ces fictions ambiguës qui célèbrent la science, la technique et le désarroi de l'homme devant leurs œuvres, Nouvel s'attache aux aspects formels et symboliques : la déglingue techno, le masque sombre de Dark Vador – la science dans sa version démoniaque –, l'inceste de la modernité et du quart monde, le monolithe chu de nulle

Dadurch, daß Jean Nouvel die disziplinäre Autonomie der Architektur in Abrede stellt, läßt er sie neu entstehen. Auch beraubt er sie jener exklusiven Bezüge, die nur sie selbst betrafen. Von der konzeptuellen Vorgehensweise ausgehend, die er für sich in Anspruch nimmt – Architektur als mentale Angelegenheit –, findet der Ablauf durch die Analyse, Diagnose und Definition eines Konzeptes statt, das sich aus ausgesuchten Ideen nährt, die dem Projekt einen Sinn verleihen. Dessen Formgebung ebenfalls durch eine Auswahl aus dem immensen Vorrat an Hinweisen, die die moderne Welt bietet, vorgenommen werden muß. Und in dem Moment spielen die Fetische und Ikonen der Architektur eine wichtige Rolle. Für Nouvel sind es die aus dem technologischen Vorsprung entstandenen Gegenstände und Geräte wie auch die realen oder fiktiven Bilder, die sie begleiten. So hat Nouvel eine besondere Vorliebe für Formel-1-Autos, Dragster, Renn-Motorräder, Chopper, Jet-Jäger und jegliche kompakte, gespannte, überzogene und polierte „Design"-Gegenstände. Ihre fiktive Replik findet Nouvel im Kino. Die Kultfilme sind *Alien* und *Blade Runner*, *Der Krieg der Sterne* von Spielberg oder *2001, Odyssee im Weltraum* von Stanley Kubrick. Bei diesen vieldeutigen Streifen, die die Verwirrung des Menschen im Hinblick auf die Werke aus Wissenschaft und Technik zelebrieren, sind Nouvel die formalen und symbolischen Aspekte

Jean Nouvel has succeeded in rehabilitating architecture, by rejecting its claim to autonomy and eschewing its exclusive, inward-looking references. His own avowedly conceptual approach – according to which architecture is perceived as a mental process – involves analysis and diagnosis; he invests his project with an underlying signifance which is based on a defined concept inspired by carefully selected ideas, then realizes his concept by sifting through the vast pool of references offered by the contemporary world; at this point in the process, the architect's preferred imagery and personal fetiches – his perpetual fascination with the paraphernelia of state-of-the-art technology and their associated imagery, real or fictitious – play a crucial role. The list of such totems includes Formula 1 racing cars, dragsters, choppers, jet fighters and other compact, sleek, tightly designed objects. Cinema, and in particular cult movies like *Alien, Blade Runner, Star Wars* or *2001 A Space Odyssey,* provide a fictional counterpart. Nouvel concentrates on the formal and symbolic aspects of these ambiguous portrayals of scientific and technical prowess and the perplexity which the tangible fruits of such prowess often entails. Exploding technology, Dark Vador's sinister mask – the satanic face of science – the incestous symbiosis that exists between modernity and the Fourth World, a monolith that has burst out

La couleur du mystère renforce des dramaturgies bien diverses : vaisseau extraterrestre (la maison des jeux vidéo à La Villette, page précédente), intérieur d'esthète (appartement à Paris), mise en scène de l'érudition (exposition Égypte-Égypte).

Die Farbe des Mysteriums verstärkt mannigfaltige Dramaturgien: das Raumschiff (Haus der Videospiele von La Villette, vorhergehende Seite), das Interieur eines Ästheten (Pariser Wohnung), die Inszenierung des Wissens (Ausstellung Ägypten-Ägypten).

The colour of mystery brings emphasis to a variety of dramatic settings: extraterrestrial spaceship (La Villette Video Game Centre, overleaf), an aesthete's interior (Parisian apartment) scholarly staging (Egypt-Egypt Exhibition).

part, boîte de Pandore recélant – qui sait ? – les mystères de l'esprit humain, se muent en obsessions que Nouvel enfourche comme des chimères, en thèmes formels qu'il développe en projets quand le réel traqué se dérobe sous ses pas.

Dans des lieux délaissés par le génie, l'architecte fera, en désespoir de cause, atterrir un vaisseau étrange, Alien, un objet muet et célibataire se refusant à exhiber le moindre rouage intime pour ne se révéler que progressivement. Hors d'échelle, froid et lisse, il arborera, hautain, la couleur du secret et du deuil : noir, c'est noir.

Des artistes contemporains que Nouvel connaît bien comme Pierre Soulages ou Ad Reinhardt nous ont opportunément rappelé que le noir est une couleur riche de sa capacité à absorber et restituer toutes les lumières et les reflets. L'Ovni nouvellien associe souvent le noir à l'or, au rouge ou au bleu électrique pour des effets théâtraux sourds et déroutants, des lueurs de rencontre du troisième type. Vaisseau spatial sans autre ascendance que dans la fiction, impromptu, incongru même, il provoquera d'abord l'étonnement, voire la méfiance. Il suscitera dans ses entrailles quelques-unes des frayeurs héritées de l'enfance, un rien de claustrophobie, un léger vertige, un frisson né de l'obscurité, vite réprimés : c'était pour de rire. Peu à peu, il prendra place dans la communauté des hommes. Il sera adopté. ■

wichtig, die Mysterien des menschlichen Geistes; all das verwandelt sich in Obsessionen, die Nouvel wie Schimären aufnimmt, und zwar als formale Themen, die er dann bei seinen Entwürfen verwendet, wenn das in die Enge getriebene Reale sich ihm entzieht.

An Orten bar schöpferischer Gestaltungskraft läßt die Architektur als allerletztes Mittel ein befremdendes Raumschiff landen, Alien, ein stummes, einsames Objekt, das sein inneres Triebwerk verbirgt, um sich dann nach und nach zu offenbaren. Unverhältnismäßig groß, kalt und glatt trägt es die Farbe des Geheimnisses und der Trauer hochmütig zur Schau: Schwarz ist schwarz. Die zeitgenössischen Künstler Pierre Soulages oder Ad Reinhardt, mit denen Nouvel gut bekannt ist, haben uns daran erinnert, daß Schwarz eine Farbe ist, die über die besondere Fähigkeit verfügt, Licht aufzunehmen und Reflexe wiederzugeben. Das „unbekannte Flugobjekt" Nouvels verbindet oft Schwarz mit Gold, Rot und Stahlblau, um so geheimnisvolle theatralische Effekte, eine mögliche Begegnung mit fremden Wesen, zu erzielen. Es ist ein Raumschiff, das lediglich in der Fiktion aufzusteigen vermag, das improvisiert, ja ungebührlich ist und zunächst Erstaunen und sogar Argwohn hervorruft. Dann aber nimmt es Platz in der Gemeinschaft der Menschen. Und wird akzeptiert. □

of the blue, a Pandora's box containing – who knows what? – the mysteries of the human spirit – all these are transformed into obsessions which Nouvel then proceeds to handle like chimera, honing the formal themes into projects, unveiling their hidden reality.

In desperation, the architect lands a strange vessel, Alien, in this environment abandoned by genius – a mute, expressionless, solitary object that only gradually reveals its inner nature. Out of scale, cold and sleek, it rises up haughtily, clad in the colour of mystery and mourning : black is black.

Contemporary artists with whom Jean Nouvel is well acquainted such as Pierre Soulages and Ad Reinhardt opportunely remind us of the outstanding capacity to absorb and reconstitute light and reflection which the colour black possesses. Nouvel's UFO often combines black with gold, red or electric blue, creating muted, disturbing theatrical effects, "close luminous encounters of the third kind". An impromptu, almost incongruous, and purely fictitious spaceship, it initially aroused astonishment, even suspicion, rekindling childhood phobia, triggering swiftly repressed feelings of mingled claustrophobia, vertigo, and fear of the dark. But, as it has turned out, this was merely a joke and, gradually, people have come to accept and adopt it. ■

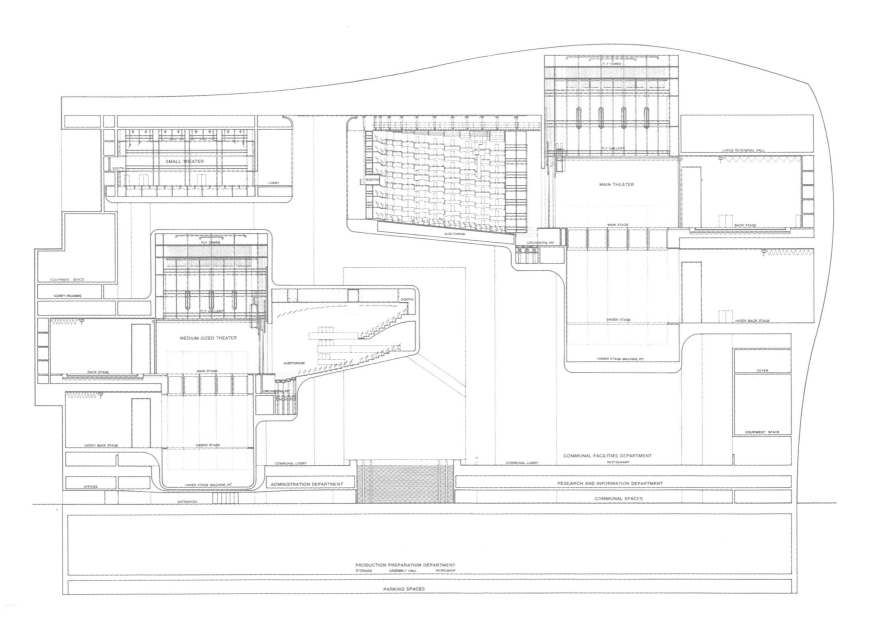

SMALL THEATER

BOOTH

LOBBY

BOOTHS

AUDITORIUM

FLY TOWER

FLY GALLERY

LARGE REHEARSAL HALL

MAIN THEATER

MAIN STAGE

BACK STAGE

ORCHESTRA PIT

EQUIPMENT SPACE

SCRIPT-READING

FLY TOWER

BOOTH

UNDER STAGE

UNDER BACK STAGE

FLY GALLERY

MEDIUM-SIZED THEATER

AUDITORIUM

UNDER STAGE MACHINE PIT

BACK STAGE

MAIN STAGE

ORCHESTRA PIT

FOYER

UNDER BACK STAGE

UNDER STAGE

EQUIPMENT SPACE

OFFICES

UNDER STAGE MACHINE PIT

COMMUNAL LOBBY

COMMUNAL FACILITIES DEPARTMENT

COMMUNAL LOBBY

RESTAURANT

ADMINISTRATION DEPARTMENT

RESEARCH AND INFORMATION DEPARTMENT

ENTRANCES

COMMUNAL SPACES

PRODUCTION PREPARATION DEPARTMENT
STORAGE   ASSEMBLY HALL   WORKSHOP

PARKING SPACES

Tokyo, Japan

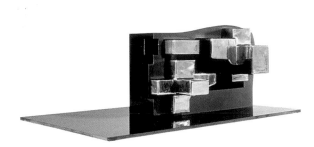

Opéra
Oper
Opera House

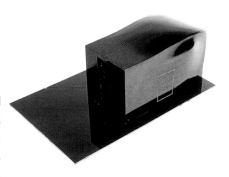

Tokyo, ville ouverte. Le site proposé pour le futur opéra est un endroit laissé pour compte au beau milieu d'un quartier indiscipliné et hétéroclite, un de ces lieux de l'urbanisme sauvage qui suscitent le désarroi occidental et participent de la beauté curieuse et un brin inquiétante de la ville. C'est aussi un lieu prêt à accueillir sans sourciller l'intrusion d'un bâtiment prééminent, fortement repérable et identifié. Nouvel y projette un monolithe noir et gigantesque – 80 mètres de haut –, un météorite lancé par un titan, aux formes lisses et tendues, comme sur le point de déborder de leur contenu (une baleine qui aurait avalé la Kaaba, souffla Philippe Starck). Le spectateur-Jonas transporté dans le ventre du monstre par une douche de lumière en guise d'entrée. À l'intérieur (hors d'échelle, forcément hors d'échelle !), le raffinement d'un étui pour instrument à cordes, la laque des grands pianos, l'or luisant dans la pénombre comme les clés d'un saxophone et le secret des salles suspendues, sombres, involucrées et intimes (on n'y donnera que de la musique de chambre ?).

Tokio, offene Stadt. Das für die Oper zur Verfügung stehende Gelände ist ein vernachlässigter Ort inmitten eines disziplinlosen, zusammengeflickten Stadtviertels, eine dieser ungeselligen Gegenden, die den Menschen aus dem Westen verwirren, aber zur kuriosen, ein wenig beunruhigenden Schönheit der Stadt beitragen. Es ist auch ein Ort, der ohne weiteres bereit ist, das Eindringen eines überragenden, stark identifizierbaren Gebäudes zu akzeptieren. Hierfür hat Nouvel einen schwarzen, gigantischen, 80 Meter hohen Monolithen entworfen, einen von einem Giganten geschleuderten Meteoriten mit Formen, die derart glatt und gespannt sind, daß man annehmen könnte, ihr Inhalt würde sich bald ergießen (wie ein Wal, der die Kaaba verschluckt hat, wie Philippe Starck verlauten ließ). Der Besucher – Jonas – betritt sie durch eine Lichtdusche. Im erstaunlich großen Innern dann die Eleganz eines Saiteninstrumentenkastens und das Geheimnis der abgehängten Säle, die dunkel, eingehüllt und intim sind (wird hier ausschließlich Kammermusik gespielt?).

Tokyo, an open city. The proposed site of the future opera house is a derelict lot in the heart of a straggling, amorphous neighbourhood, a place which gives rise to a perplexing, unplanned, western-style urban sprawl that is part of the city's strange, faintly disturbing appeal. It is also a place ready to accommodate, without flinching at the intrusion, a striking, impressive building. Nouvel's project is a gigantic, 250-foot high, black monolith, a meteorite hurled by a titan, its sleek forms strained to bursting point (prompting Philippe Starck to compare it to a whale that has swallowed the Kaaba).

Like Jonas, the visitor is conveyed into the belly of the monster via the light-bathed entrance. The refined atmosphere of the interior (completely out-of-scale, as one might expect!) conjures up images of violin cases and lacquered grand pianos; the gilding gleams in the half-light like saxophone stops, the intimate, enveloping, dimly perceptible suspended auditoria (for the sole performance of chamber music?) exude an aura of mystery.

Un étui sombre, laqué, précieux et hors d'échelle : l'opéra comme boîte à musique.

Ein dunkles, lackiertes, wertvolles Etui in ungewöhnlichem Maßstab: die Oper als Musikdose.

An out of scale, dark, lacquered precious casket: the opera house as musical box.

Saint-Herblain, France

Centre culturel Onyx
Kulturzentrum Onyx
Onyx Cultural Centre

Une présence énigmatique
qui prépare à la magie du spectacle.

Eine rätselhafte, auf die Magie der
Vorstellung vorbereitende Präsenz.

An enigmatic presence anticipating
the magic atmoshere of the show.

Porté par Myrto Vitart aux temps de Jean Nouvel et Associés, Onyx est un centre culturel projeté dans la périphérie de Saint-Herblain, cité-satellite de Nantes. Dans ce contexte purement suburbain – l'Armorique, c'est l'Amérique – nul point d'ancrage. Encerclé de grandes surfaces, de supermarchés du sport et de pizzerias bretonnes, un milieu à haut risque où sombra déjà corps et biens un bâtiment de Richard Rogers, posé aux confins d'une vaste esplanade d'asphalte sombre et striée de rouge – un parking –, Onyx se tient à bonne distance, tourné vers le large et se dédoublant dans le petit étang qui le borde. L'édifice assume l'expression la plus littérale du monolithe de *2001 Odyssée de l'espace*: parallélépipède parfait et bardé de caillebotis noir sur béton noir, Onyx laisse à peine transparaître au travers deux baies, comme voilées de leurs grilles sombres, des lueurs pâles et fugitives et clignote faiblement de ses balises rouges dans la nuit, comme pour tenter de contenir les assauts de la trivialité bigarrée qui l'environne.

Auf die Zeit von Jean Nouvel et Associés zurückgehend und von Myrto Vitart verantwortet, entstand Onyx am Randgebiet von Saint-Herblain, einer zu Nantes gehörenden Satellitenstadt. In diesem rein suburbanen Kontext – Armorique ist Amerika – keinerlei Orientierungspunkt. Umgeben von Supermärkten, Billigware anbietenden Sportläden und bretonischen Pizzerias, in einer Gegend, in der bereits ein Gebäude von Richard Rogers Schiffbruch erlitten hat und mit einem dunklen, rotgestreiften Parkplatz in unmittelbarer Nachbarschaft, hält Onyx sich in gewisser Distanz, ist dem Meer zugewandt und spiegelt sich in dem kleinen Teich. Das Gebäude erinnert an den Monolithen aus *2001, Odyssee im Weltraum*: Als perfektes Parallelepiped, verkleidet mit einem schwarzen Gitterrost auf schwarzem Beton, schimmert Onyx mit seinen beiden Glasflächen, die verschleiert scheinen, bleich und flüchtig durch; seine roten Baken blinken schwach in der Nacht, als versuchte es, den Angriff der allzubunten Trivialität abzuwehren, von der es umgeben ist.

Dating back to design work carried out by Myrto Vitart during the Jean Nouvel and Associates period, the Onyx Cultural Centre project is located on the outskirts of Saint-Herblain, a dormitory suburb of Nantes. The purely suburban context – Armorica/America – offered no firm anchorage point. Hemmed in by hypermarkets and Breton pizza-parlors, set in a high-risk environment that had already engulfed a building designed by Richard Rogers, Onyx stands aloof on the edge of a vast, sombre, red-striped asphalt parking lot, Facing out to sea, its reflection mirrored in the small adjacent pond, the building, with its black grating on black concrete, literally assumes the perfect parallelipiped form of the enigmatic monolith which features in the cult film *2001, A Space Odyssey* by director Stanley Kubrick. Pale, fleeting light can be glimpsed through its two openings, as if veiled by their dark grating; in the depths of the night, its faint flickering red beacons seem to ward off assaults from the gaudy triviality of the surroundings.

Une boîte de Pandore
rangée au bord d'un parking.

Eine Büchse der Pandora
am Rand eines Parkplatzes.

A Pandora's box lined up
on the edge of a parking lot.

Lyon, France

Opéra
Oper
Opera House

Comment transformer un vénérable théâtre du XIXe siècle aux équipements vétustes en opéra moderne sans en compromettre l'insertion urbaine dans un centre délicat face à un hôtel de ville de belle facture classique ? À ce programme improbable, véritable casse-tête chinois, Jean Nouvel apporte la solution juste et fait d'une pierre deux coups. Il préserve le tissu historique existant en conservant les façades de l'édifice initial ; il triple le volume du vieux théâtre en insérant sous le bâtiment les salles de répétition des chœurs et un auditorium et en plaçant en superstructure sous une voûte revêtue de fines lamelles de verre la salle de répétition du ballet et l'administration. Entre les quatre façades, il glisse son OVNI, la salle suspendue, et use alors de toutes les ressources d'une scénographie qui prépare et accompagne le spectateur aux fastes et aux rites de l'opéra, à ses frissons délicieux : hall plongé dans la pénombre et volumes courbes de la sous-face de la salle reflétant des lueurs fantomatiques, escalators franchissant des abysses, coursives surplombant le hall sur toute la hau-

Wie gestaltet man ein ehrwürdiges Theater aus dem 19. Jahrhundert mit veralteter Ausstattung zu einer modernen Oper um, ohne dabei die delikate Lage gegenüber dem Rathaus schönen klassischen Stils zu beeinträchtigen? Für diese kopfzerbrechende Herausforderung findet Jean Nouvel die richtige Lösung und fängt zwei Fliegen mit einer Klappe. Er bewahrt die bestehende historische Substanz der ursprünglichen Fassaden des Gebäudes. Den Umfang des alten Theaters verdreifacht er, indem er unter dem Gebäude Säle für Chorproben und ein Auditorium hinzufügt und als Überbau unter einem mit feinen Glaslamellen verkleideten Gewölbe den Probensaal für das Ballett und die Verwaltung unterbringt. Sein „unbekanntes Flugobjekt", seinen abgehängten Saal, schiebt er zwischen die vier Fassaden und bedient sich aller Möglichkeiten einer Szenographie, die den Zuschauer auf die Pracht und die Riten der Oper vorbereiten und ihn begleiten: Halle im Halbdunkel und gebogene Volumen der Rückseite des Saales

This unlikely programme, fraught with difficulties, involved converting a venerable 19th-century theatre and its obsolete facilities into a modern opera house while respecting the delicate urban fabric and the fine classical town hall standing opposite. Jean Nouvel has provided the ideal solution, killing two birds with one stone. He has preserved the existing historical fabric, retaining the facades of the original building; the volume of the old theatre has been tripled by inserting the choir rehearsal rooms and an auditorium under the building, and installing the ballet rehearsal rooms and administrative services under a vaulted, finely-glazed superstructure. He has slid his UFO, the suspended auditorium, between the four walls, deploying a whole range of theatrical resources to evoke the magic of the opera, its ritual and splendour. The dimly-lit lobby, the ghostly reflections from the curved volumes of the auditorium underside, the plunging escalators and galleries overhanging the entry hall, all combine to produce an effect of claustrophobic, vertiginous fantasy.

Un dialogue courtois avec la haute stature classique de l'hôtel de ville et la soumission aux règles du jeu dramatique en noir, rouge et or.

Höflicher Dialog mit der hohen, klassischen Statur des Rathauses und Einhalten der Regeln des dramatischen Spiels in Schwarz, Rot und Gold.

A courteous dialogue with the classical prestige of the town hall, obeying the rules of the dramatic game in black, red and gold.

teur de l'édifice, dans un arsenal claustrophobique, vertigineux et caligaresque.

Franchis les sas cramoisis, la salle apparaît, chaude et intime dans ses boiseries noires et les éclats dorés du rideau de scène et des plafonds. Dans la pénombre, une lumière douce qui doit à *Barry Lindon* (un autre Stanley Kubrick) et peut-être à la *Flûte enchantée* d'Ingmar Bergman : une constellation de fibres optiques éclaire les visages qui se font lumineux à leur tour, à la manière dont un certain soir de l'année, les bougies tremblotent aux fenêtres de la ville.

mit gespenstisch schimmernden Reflexen und Rolltreppen über Abgründen.

Hinter den puterroten Schleusen taucht der warme und intime Saal mit schwarzer Holzverkleidung und schimmerndem Gold des Bühnenvorhangs und der Decken auf. Im Halbdunkel ein weiches Licht, das auf *Barry Lindon* (einen anderen Kubrick-Film) und vielleicht *Die Zauberflöte* von Ingmar Bergmann zurückgeht: Eine Konstellation aus Glasfasern beleuchtet die Gesichter wie an einem bestimmten Tag des Jahres, an dem hinter den meisten Fenstern der Stadt die Kerzen flimmern.

Beyond the crimson lobby, the auditorium emerges, warm and intimate with its black panelling and the gilded sparkle of the stage curtain and ceilings. The semi-darkness is infused with a soft light, reminiscent of Kubrick's *Barry Lindon* or perhaps Bergman's *Magic Flute*: the faces of the audience are bathed in the light from a constellation of optical fibres, flickering like candles in the windows of the city on a certain evening of the year.

La salle de ballet comme belvédère et spectacle urbain et le théâtre comme mise en scène du spectateur.

Der Ballettsaal als Belvedere und urbanes Schauspiel, das Theater als Inszenierung des Zuschauers.

The ballet room as belvedere and urban spectacle; the theatre as stage for the spectator.

Tours, France

Centre de congrès Vinci
Kongreßzentrum Vinci
Vinci Conference Centre

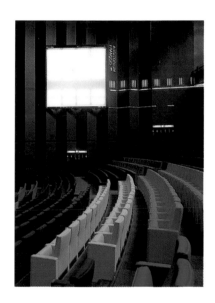

L'échelle domestique et modeste d'une ville paisible des bords de la Loire, une cathédrale pour arrière-plan, un face-à-face avec la gare dessinée par Victor Laloux, un parc de préfecture pour voisin immédiat, un programme réclamant trois salles de 2000, 800 et 400 places, tout concourait à faire du centre de congrès de Tours un trublion. Silence, distance et ruse : Jean Nouvel a conçu ici un ouvrage à la fois discret et visible. Afin de ménager un dialogue courtois avec les riverains, il a su adopter un profil bas en enfouissant à demi l'enfilade des salles dans le sol et en effaçant dans le ciel des toitures arrondies et bardées de métal gris. Les façades légèrement bombées permettent des vues transversales entre la ruelle et le parc. Une silhouette surbaissée, capotée et lisse, vaguement zoomorphique distinguée par un brise-soleil en forme de casquette. Les espaces intérieurs sont généreux, surplombés par le ventre noir et brillant des salles suspendues. Les vitrines s'éclairent de lueurs fluorescentes conjurant à l'avance les signes triviaux et fatals de l'activité du centre.

Eine intime, friedliche, am Ufer der Loire gelegene Stadt bescheidener Größe, eine Kathedrale als Hintergrund, ein Gegenüber des von Victor Laloux entworfenen Bahnhofs, ein Präfektur-Park in direkter Nachbarschaft. Hier sollte ein drei Säle umfassendes Gebäude mit je 2000, 800 und 400 Plätzen entstehen, und man konnte durchaus befürchten, daß das Kongreßzentrum von Tours sich als Unruhestifter herausstellen würde. Ruhe, Distanz und Geschick: Jean Nouvel schuf hier ein sowohl diskretes als auch markantes Werk. Die Höflichkeit den Anliegern gegenüber verlangte Zurückhaltung, weshalb die Säle zur Hälfte in den Boden eingelassen, die Bedachung abgerundet und mit grauem Metall überzogen wurde. Die Silhouette ist flach, überzogen, glatt und ein wenig zoomorph und wird hervorgehoben durch einen schirmmützenförmigen Sonnenschutz. Großzügige Innenflächen, abgehängte schwarze und glänzende Säle, mit fluoreszierendem Licht beleuchtete Schaukästen als triviale und fatale Zeichen der Aktivität des Zentrums.

The unassuming, domestic scale of a quiet riverside town, a cathedral in the background, a railway station designed by Victor Laloux opposite, Prefecture gardens immediately next door, a programme involving three 2000, 800 and 400-seat auditoria - everything combined to make the Tours Conference Centre a tricky project. Deploying silence, distance and cunning, Jean Nouvel's design is both discreet and highly visible. To achieve graceful harmony with the neighbouring buildings, he has adopted a low profile. The row of auditoria is half buried and the grey, metal-clad, rounded roofs merge into the skyline. The slightly convex facades provide views across between the alley and the gardens. A low-hung, sleek, hooded, vaguely zoomorphic silhouette with its distinctive, helmet-shaped sun canopy. Roomy interior spaces are provided beneath the gleaming, black underbelly of the suspended auditoria, while the fluorescently lit windows stand guard, warding off the fatally ephemeral nature of the centre's activities.

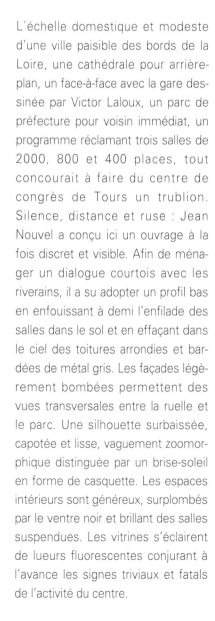

Des salles sombres discrètement colorées et des pas perdus avec panorama sur un parc.

Dunkle Säle in diskreten Farben und die Wandelhalle mit Aussicht auf einen Park.

Dark, discreetly coloured auditoria and waiting hall with a panoramic view onto the gardens.

Une forme bizarre, zoomorphique qui s'insère avec tact entre la ville et le parc, un objet sombre et oblong, luisant de ses couleurs fluorescentes à la tombée du jour et qui s'affronte sans timidité à la gare de Victor Laloux.

Eine bizarre, zoomorphe, sich taktvoll zwischen Stadt und Park einfügende Form, ein dunkles, längliches Objekt, das bei Einbruch der Nacht in fluoreszierenden Farben glänzt und dem Bahnhof Victor Laloux selbstsicher gegenübersteht.

A strange, zoomorphic silhouette tactfully inserted between the city and the park, a dark, oblong object, gleaming with fluorescent colours at dusk, undauntedly facing Victor Laloux's railway station.

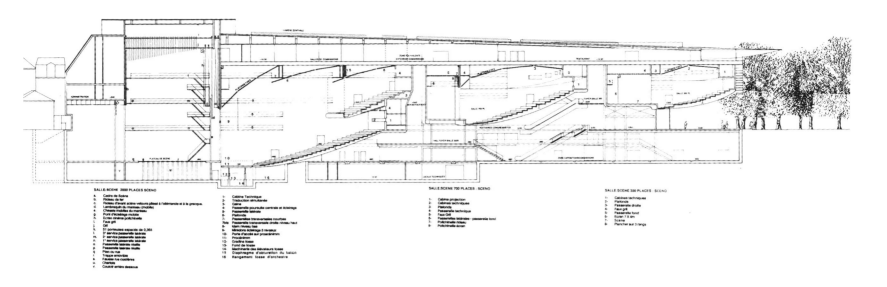

SALLE-SCENE 2000 PLACES SCENO

A. Cadre de Scène
B. Rideau de fer
C. Rideau d'avant scène velours plissé à l'allemande et à la grecque.
D. Lambrequin du manteau (mobile)
E. Châssis mobiles du manteau
F. Pont d'éclairage mobile
H. Écran cinéma polichinelle
I. Faux grill
J. Grill
L. 51 porteuses espacés de 0,363
M. 3° service passerelle latérale
N. 3° service passerelle latérale
O. 3° service passerelle latérale
P. Passerelle latérale réutile
Q. Plan du nu
R. Trappe amovible
T. Fausse rue costières
U. Chariots
V. Couloir arrière dessous

1- Cabine Technique
2- Traduction simultanée
3- Cabine
4- Passerelle poursuite centrale et éclairage
5- Passerelle latérale
6- Plafonds
7- Passerelles transversales courbes
7bis Passerelle transversale droite niveau haut
8- idem niveau bas
9- Plafonds
10- Miroirs éclairage 3 niveaux
11- Procénérim
12- Grafins fosse
13- Fond de fosse
14- Machinerie des élévateurs fosse
15- Diaphragme d'obturation du balcon
16- Rangement fosse d'orchestre

SALLE-SCENE 700 PLACES : SCENO

1- Cabine projection
2- Cabines techniques
3- Plafonds
4- Passerelle technique
5- Faux Grill
6- Plafonds
7- Passerelles latérales - passerelle fond
7bis Passerelle rideau
8- Polichinelle écran

SALLE-SCENE 350 PLACES : SCENO

1- Cabines techniques
2- Plafonds
3- Passerelle droite
4- Faux grill
5- Passerelle fond
6- Écran 7 X 4m
7- Scène
8- Plancher sur 3 rangs

Blois, France

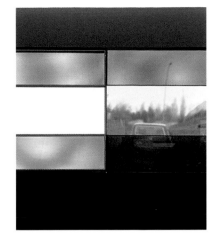

Chocolaterie
Schokoladenfabrik
Chocolate Factory

Aux châteaux de la Loire ont succédé ceux de l'industrie. À Blois, on confectionne du chocolat dans une zone spécialisée, aux confins des champs et de l'autoroute. C'est ici que Jean Nouvel a restructuré une unité de production et bâti un nouvel édifice administratif. Il a choisi d'affirmer dans un paysage plat la présence forte du bâtiment (pour le plus grand bien de la société et de son image de marque) et conçu l'ensemble de production et d'administration comme une pièce de land-art (avec une pensée fugitive pour Richard Serra).

Nouvel a bardé l'usine de métal noir : de l'autoroute, elle apparaît comme un bloc noir rythmé par les ouvertures verticales qui à la nuit noire semblent suspendues dans l'obscurité. L'administration se développe sur un seul niveau rectiligne noir barré de la longue horizontale des fenêtres de verre réfléchissant et moiré en partie basse par une tôle perforée noire. Le parking d'asphalte noir est ponctué de rouge. La façade noire porte haut le sigle rouge de la firme. Le site est enceint d'un bardage noir qui semble s'étirer à l'infini dans la plaine.

Den Schlössern der Könige folgten die der Industrie. In Blois, der alten Residenz der französischen Könige, wird gleich hinter den Feldern und der Autobahn Schokolade hergestellt. Hier hat Jean Nouvel einen Produktionsbereich umstrukturiert und ein neues Verwaltungsgebäude gebaut. Für dieses flache Land entwarf er ein Gebäude mit starker Präsenz und konzipierte die Produktions- und Verwaltungsgebäude in Land Art-Manier (mit einem flüchtigen Gedanken an Richard Serra).

Schokolade ist oft schwarz. Nouvel verkleidete das Werk mit schwarzem Metall: Von der Autobahn aus ähnelt es einem schwarzen Block, gegliedert durch vertikale Öffnungen, die in der schwarzen Nacht im Dunkel zu hängen scheinen. Die Verwaltung liegt auf einer einzigen geradlinigen Ebene in Schwarz mit Glasfenstern, die das schwarze perforierte Blech im unteren Teil moiriert reflektieren. Der Parkplatz aus schwarzem Asphalt ist rot punktiert. Die schwarze Fassade trägt das rote Firmenlabel ganz oben. Der Komplex umfaßt eine schwarze Einfriedigung, die sich in der Ebene unendlich hinzuziehen scheint.

The royal castles of the Loire have been succeeded by bastions of industry. In Blois, former residence of French kings, chocolate is made in an industrial zone bordering on fields and the motorway. Jean Nouvel restructured one of the production units, providing a new administrative building. He chose (to the advantage of the firm concerned and its brand image) to forcefully assert the building's presence in a flat landscape, designing the entire production and administrative complex as a piece of land art (with a fleeting thought for Richard Serra).

As chocolate is often black, Nouvel has clad the factory in black metal; from the motorway, it resembles a black block with vertical openings which, at night, seem suspended in the pitch dark. Administrative services are grouped on a single, black, rectilinear level along which reflective glass windows and perforated black sheet-metal create a shimmering effect. Red markings stud the black asphalt carpark; the firm's red logo is emblazoned on the black facade; and the black enclosure fence seems to stretch away endlessly into the plain.

Effets de trames moirant les façades de vitrage et tôle perforée.

Moirierende Rastereffekte an Glasfassaden und perforiertem Blech.

Shimmering grid effects on the glazed and perforated sheet-metal facades.

Une barre noire,
striée et vibrante,
tirée dans la paysage.

Ein schwarzer Riegel,
geriffelt und vibrierend,
erstreckt sich in der Landschaft.

A vibrant, striated,
black stroke across
the landscape.

18:18 +24°
CENTROBORGO
+27°C
I VISITATORI PRESENTI SONO
TOT. PRESENZE DA INIZIO GIORNATA

La fabrique du paysage
Die Herstellung der Landschaft
Manufacturing the Landscape

*Les lumières d'aéroport, les autoroutes,
les bagnoles, les lignes électriques, les banlieues,
les vieilles concrétions de villes denses et banales,
c'est là que notre existence se joue.*

*Flugplatzlichter, Autobahnen, Autos,
Hochspannungsleitungen, Vororte, altverwachsene,
verdichtete und alltägliche Städte - das ist der
Rahmen, in dem sich unser Leben abspielt.*

*Airport lights, motorways, cars, power lines,
suburbia, the old concretions of banal, dense
cities - the stage upon which our existence
is enacted and decided.*

Homme de la terre, Jean Nouvel en connaît l'âpreté : il n'a guère l'esprit bucolique. Devenu animal urbain, il ne partage pas les émotions mignardes qu'inspire à d'autres le hameau de Marie-Antoinette à Versailles. Dans sa mémoire flottent plutôt des hangars rouillés, de sévères silos à grain ou des monstres de machines agricoles. Jean Nouvel est homme de progrès : ses paysages favoris sont enjambés de viaducs, ses plaines traversées par des lignes à haute tension, ses collines barrées d'autostrades. La main de l'homme les a marqués de son empreinte. Les ouvrages d'art disent son génie.

L'architecture tient dans le territoire une place plus modeste, visible néanmoins. Du paysage rural, Nouvel a souvent souligné qu'il n'est pas traité avec plus d'égards que celui de la ville. Plus fragile, il réclame pourtant encore plus de délicatesse dans sa modification. Nouvel l'aborde avec précaution, après une analyse poussée du contexte environnant, dans un esprit de spécificité fine et de connivence éclairée. Chacun de ses projets ruraux répond à une question précise. L'architecte cherchera la voie la plus juste, la solution la plus adaptée : la disparition quand elle est souhaitable (et possible), l'intégration à un ensemble constitué, ou au contraire la marque d'un signe éclatant et fier.

Dans ses rapports à la nature, Nouvel marie deux sensibilités distinctes.

L'une procède d'une réaction directe des sens.

Als ein Mann vom Land kennt Jean Nouvel dessen Rauheit. Einen Sinn für Rustikales hat er allerdings nicht. Vollkommen urbanisiert, vermag er die affektierten, durch den Weiler Marie-Antoinettes in Versailles ausgelösten Emotionen nicht zu teilen. Er erinnert sich eher an verrostete Schuppen, strenge Kornspeicher oder monströse landwirtschaftliche Maschinen. Jean Nouvel ist ein Mann des Fortschritts: Seine Lieblingslandschaften sind mit Talbrücken, seine Ebenen mit Hochspannungsleitungen überspannt, seine Hügel von Autostradas durchzogen.

Die Architektur nimmt auf diesem Gebiet einen bescheideneren Platz ein – zumindest augenscheinlich. Daß den ländlichen Bauten nicht mehr Beachtung geschenkt wird als den städtischen hat Nouvel oft hervorgehoben. Da erstere aber besonders empfindlich sind, verlangt er bei deren Modifizierung noch größeres Fingerspitzengefühl. Weshalb er sie besonders behutsam in Angriff nimmt – nach einer umfassenden Analyse der Umgebung. Der Architekt versucht, den richtigen Weg, die beste Lösung herauszufinden: die Entfernung, sofern sie wünschenswert (und möglich) ist, die Integration in einen bestehenden Komplex oder im Gegenteil der Stempel eines glänzenden, stolzen Zeichens.

In seinem Verhältnis zur Natur verbindet Nouvel zwei unterschiedliche Sensibilitäten miteinander.

Die eine rührt von einer direkten Reaktion der Sinne her. Sie ist zuständig für die Topographie

Jean Nouvel is a man of the land. Familiar with its harsh realities, he harbours no pastoral illusions. Although he has become a city-dweller, he does not share the mawkish emotions that Marie-Antoinette's rustic hamlet at the Petit-Trianon might inspire in others. Instead, he has memories of rusting barns, austere grain silos and massive farm machinery. A man of progress, his preferred landscapes bear the stamp of human intervention, whose permanent works speak of genius: spanned by viaducts, with power lines striding across the plains and motorways snaking along the hillsides.

Architecture enjoys a more modest, yet nevertheless visible presence. Nouvel has often emphasised that, although the rural landscape is more fragile, and although alterations to it call for an even more delicate touch, it is treated with no greater consideration than its urban counterpart. After a detailed analysis of the environment, he adopts a cautious approach imbued with subtle specificity and enlightened complicity. Each of his rural projects addresses a precise issue. He seeks the right course, the most appropriate solution: disappearance when desirable (and possible), integration to an existing ensemble, or, on the other hand, proudly proclaimed expression.

Nouvel combines two distinct sensibilities in his relationships to nature.

The first sensiblity derives from a direct sensory

Elle assume les topographies et les climats diffé-rents, les couleurs des lieux et des saisons, les éléments dans leur nudité, leur inertie ou leur mouvance : l'architecte sait user du poids de la terre et du roc, de la légèreté de l'air, des reflets et de la fraîcheur des eaux. L'autre s'est formée au contact des arts contemporains dont le champ s'était élargi dans les décennies passées : les artistes du land-art sont allés loin des villes graver dans le sol des traces inédites, dessiner des géométries éphémères, provoquer la foudre, apprivoiser les volcans. Enhardi par leur exemple, Nouvel ne craint pas quand il le faut d'apposer sur un site naturel la marque pro-vocatrice du pur artifice.

En revanche – ou en contrepartie –, il sait inviter le paysage à entrer dans ses édifices et établir une relation d'intimité étroite entre végétation et construit par le jeu des transparences et le brouillage des limites.

Oiseau de nuit, Nouvel n'a pas été ébloui que par les lumières de la ville. Il avoue sa fascina-tion pour les territoires ponctués, balisés ou zébrés par la lumière, ports, aéroports, auto-routes, saisis dans une vision cinétique. Dans leur cadre naturel, ses édifices émettent à la nuit tombée des lueurs tremblantes et colorées, comme amers, pour le marin ou pour le voya-geur, signes de reconnaissance. ■

und das unterschiedliche Klima, die Farben der Gegend und der Jahreszeiten, die Elemente in ihrer Blöße, in ihrer Bewegung oder Bewegungs-losigkeit: Der Architekt versteht es, sich der Schwere der Erde oder des Felsens zu bedienen, der Leichtigkeit der Luft, der Reflexe und der Frische des Wassers. Die andere hat sich entwickelt durch den Kontakt mit der modernen Kunst: Die Künstler der Land Art haben fern der Städte den Boden mit neuen Spuren geprägt, vergängliche Geometrien gezeichnet, Blitze hervorgerufen, Vulkane gezähmt. Durch ihr Beispiel ermutigt, hat Nouvel keine Furcht mehr davor, dann in einer natürlichen Umgebung ein provozierendes Zeichen als puren Kunstgriff zu verwenden, wenn es sein muß.

Im Gegenteil – oder als Gegengewicht – dazu versteht er es, die Landschaft für seine Bauwerke zu nutzen und eine enge Beziehung zwischen Vegetation und Konstruktion durch ein Spiel mit Transparenzen und das Aufheben der Grenzen herzustellen.

Nouvel, der Nachtvogel, wurde aber nicht nur von den Lichtern der Stadt geblendet. Er bekennt, daß ihn mit Licht markierte Orte wie Häfen, Flugplätze und Autobahnen aufgrund ihrer kinetischen Vision faszinieren. In ihrer natürlichen Umgebung senden diese Konstruktionen ab Einbruch der Nacht bebende und bunte Lichter – Seezeichen, Erkennungszeichen. □

reaction, taking on board the various topographies and climatic conditions, local and seasonal colour, the inertia or mobility of bare features : he knows how to exploit the bulk of land and rock, the lightness of air, the cool reflection of water. The other sensibility has been shaped by familiarity with the contem-porary arts whose scope had widened in the previous decades. Far from cities, practitioners of land art had carved out their novel patterns in the soil, plotted ephemeral geometries, brought on lightning, and tamed volcanoes. Emboldened by their example, Nouvel is not afraid, where necessary, to add a provocative touch of pure artifice to a natural site.

On the other hand – or in compensation – by playing on transparencies and blurring limits, he knows how to invite the landscape into his buildings, to establish a deeply intimate relation-ship between the built and the natural.

Nouvel is a night-bird, not only dazzled by the city lights. He confesses to his fascination for all such places as ports, airports, or motorways, that are studded and streaked by light which is captured in a kinetic vision. At nightfall, in their natural setting, his buildings emit flickering coloured lights like familiar seamarks for the sailor or traveller. ■

Dans le paysage revu par Jean Nouvel,
les éléments air, feu, terre et eau
prennent un rôle déterminant
pour laisser s'affronter ou se fondre
archaïsme et modernité,
nature et artifice.

In der von Jean Nouvel neu
betrachteten Landschaft übernehmen
die Elemente Luft, Feuer, Erde und
Wasser eine entscheidende Rolle,
damit Archaismus, Modernität,
Natur und Artifizielles sich
konfrontieren oder vermischen.

In Jean Nouvel's vision of the
landscape, the fundamental elements -
earth, air, fire and water - take on a
decisive role, allowing archaism and
modernity, nature and artifice to
confront each other or blend
harmoniously.

Viaduc sur la Marne
(page précédente),
centre d'exposition sur le port de
Rotterdam (ci-dessus), projet du parc
de La Villette (ci-contre) et péage
d'autoroute à Vienne (ci-dessous).

Marne-Brücke
(vorhergehende Seite),
Messezentrum am Hafen von
Rotterdam (oben), Projekt Parc de la
Villette (nebenstehend)
und Mautstelle in Vienne (unten).

Marne Viaduct (overleaf),
La Villete Park project (opposite) and
Vienne motorway toll (below).

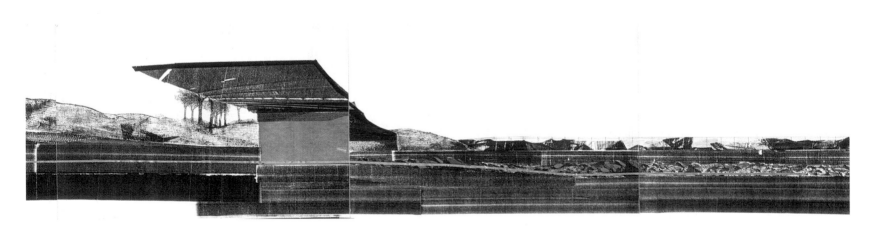

Bouliac, France

Hôtel
Hotel
Hotel

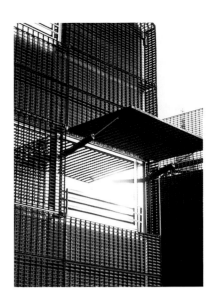

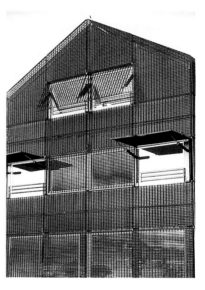

Une petite bourgade blottie autour d'un clocher maladroit, le sommet d'un coteau dominant la Garonne, Jean Nouvel retrouvait le cadre familier de son Sud-Ouest pour bâtir ce petit établissement hôtelier de luxe prolongeant un restaurant gastronomique. La question du paysage se trouvait au centre du projet. Nouvel la résout simplement. Les quatre pavillons viennent se fondre dans l'ensemble villageois en mimant à distance les hangars à tabac de la région. Ce n'est qu'à l'approche que façades et toitures de caillebotis rouillés sur fond de bardage métallique sombre prennent leur caractère insolite et grinçant de ruine industrielle, contrebalancé par le raffinement soyeux de leur surface chatoyante sous le soleil. De l'intérieur, le paysage est roi : chaque chambre commande sur la vallée et la bonne ville de Bordeaux une vue panoramique spectaculaire. Vue qui ne sera pas distraite par le décor intérieur luxueux et ascétique : parois de plâtre ciré, sols de béton lisse, salle de bains à l'efficacité clinique, bien tempérés par la rondeur des sièges, le bois blond du mobilier

Ein kleiner Ort, der sich an seinen linkischen Kirchturm anschmiegt, eine Hügelkuppe mit weitem Blick auf die Garonne – hier, in Jean Nouvels Südwesten, entstand zusätzlich zum gastronomischen Restaurant ein kleines Luxushotel. Mit der Landschaft als Mittelpunkt des Projektes fand Nouvel eine einfache Lösung. Die vier Pavillons fügen sich in das Dorf ein und ahmen auf unterschiedliche Art die Tabakscheunen der Region nach. Erst beim Näherkommen erkennt man die Fassaden und Dächer mit angerostetem Gitter über der dunklen Metallverkleidung und deren ungewöhnliche, knirschende Ähnlichkeit mit einer industriellen Ruine, was ausgeglichen wird durch das gepflegte Raffinement der in der Sonne schimmernden Flächen. Innen ist die Landschaft König: Jedes Zimmer bietet einen spektakulären Panoramablick auf das Tal und die schöne Stadt Bordeaux. Die Innenausstattung ist zugleich luxuriös und asketisch: gewachste Putzwände, glatte Betonböden, Bäder von klinischer Effizienz, allerdings durch Abrundungen aufgelockert, helles Holz des Mobiliars und

Jean Nouvel returned to the familiar landscape of his native South West France, a little town nestling around an unprepossessing steeple perched on a hillside overlooking the Garonne, to build this small luxury hotel extension to a gastronomic restaurant. Landscape proved to be a crucial element in the project. The four small buildings blend into the fabric of village, from a distance resembling the traditional tobacco-drying sheds of the region. Only from close up do the facades and roofs with their rust-coloured grating backed by dark corrugated metal cladding take on an unusual, jarring appearance of industrial dereliction, an effect counterbalanced by their sleekly refined surface glistening in the sunlight. From the interior, the landscape predominates: each bedroom commands a spectacular panoramic view out over the valley and the city of Bordeaux, undistracted by the austere luxury of the decor: polished plaster walls, polished concrete floors, clinically efficient bathrooms, tempered by the round chairs, white wood furnishings, and high, soft country

99

La dentelle rousse du caillebotis de métal sur des hangars à tabac du Sud-Ouest.

Rotbraune Metallgitter-„Spitze" an Tabakscheunen in Südwestfrankreich.

The russet lacework of metal grating on traditional south-west France tobacco-drying sheds.

et la hauteur moelleuse, bien qu'excessive pour le citadin, de la couche campagnarde. En contrepoint à cette grâce rurale, Nouvel a réalisé pour la jeunesse bordelaise un restaurant populaire, le « Bistroy », où il a figé et redoublé par la photographie les traces de la décrépitude du lieu dans un geste amène d'archéologie punk.

eine für den Stadtbewohner un-ungewohnte, aber fürs Land typische Höhe. Als Gegensatz zu dieser ländlichen Anmut schuf Nouvel für die Jugend von Bordeaux ein populäres Restaurant, das „Bistroy", in dem er mit Hilfe der Fotografie die Spuren des Verfalls des Ortes in einer netten Geste von Punk-Archäologie festgehalten hat.

beds. In contrast to such graceful rusticity, Nouvel has designed a popular restaurant, the "Bistroy", for a younger Bordeaux clientele. Here, in an affable gesture of punk archeology, he has frozen and recaptured in photo traces of the building's former dilapidated state.

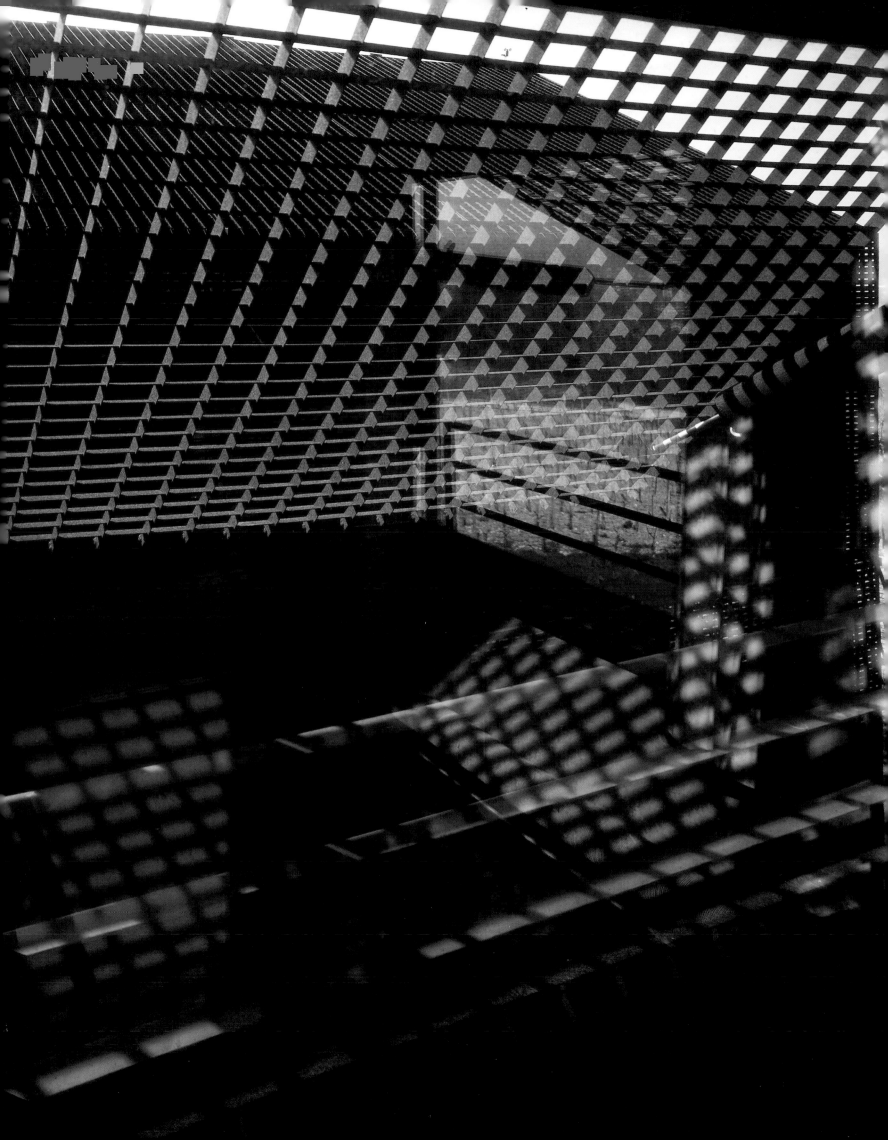

Un luxe monacal
donnant sur la vallée.

Klösterlicher Luxus
mit Blick aufs Tal.

Monastic luxury
overlooking the valley.

Boisseuil, France

Génoscope
Génoscope
Génoscope

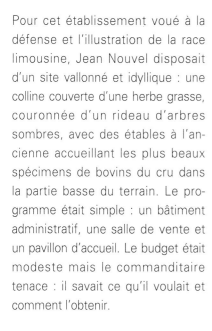

Pour cet établissement voué à la défense et l'illustration de la race limousine, Jean Nouvel disposait d'un site vallonné et idyllique : une colline couverte d'une herbe grasse, couronnée d'un rideau d'arbres sombres, avec des étables à l'ancienne accueillant les plus beaux spécimens de bovins du cru dans la partie basse du terrain. Le programme était simple : un bâtiment administratif, une salle de vente et un pavillon d'accueil. Le budget était modeste mais le commanditaire tenace : il savait ce qu'il voulait et comment l'obtenir.

Für diese Einrichtung, die sich ganz der Limousiner Rinderrasse widmet, verfügte Jean Nouvel über ein Gelände in idyllischer Umgebung mit einem mit Gras bewachsenen und von dichtstehenden Bäumen umgebenen Hügel und alten Ställen für die schönsten Exemplare der hiesigen Rinder. Das Programm umfaßte ein Bürogebäude, eine Versteigerungshalle und einen Empfangspavillon. Das Budget war bescheiden, der Auftraggeber hingegen hartnäckig. Er wußte genau, was er wollte.
Jean Nouvel und sein Komplize Édouard Boucher nahmen die

For this establishment devoted to the marketing of Limousin cattle, Jean Nouvel disposed of an idyllic site set among rolling valleys: a hillside covered in lush pasture, crowned by a dark belt of trees, with old-fashioned cowsheds housing the finest specimens of the local breed in the lower part of the site. The programme was straightforward: an administrative building, an auction room, and a reception pavilion. Although the budget was limited, the client was determined; he knew what he wanted and how to get it.

Étirés sur les frondaisons ou inscrits dans la pente, les bâtiments de red cedar argenté se posent avec naturel sur les côteaux limousins.

Langgestreckte Red-Cedar-Gebäude von silberner Farbe unter Blätterwerk oder am Hang. In der Hügellandschaft des Limousin wirken sie vollkommen natürlich.

Stretching away across the greenery, or perching on the slope, the silvery-hued red cedar buildings stand naturally on the Limousin hillsides.

Belvédère en damier, intérieur et salle de vente tout en bois procèdent d'une simplicité rustique et délibérée.

Das Schachbrett-Belvedere, die Innenräume und die Versteigerungshalle ganz aus Holz sind von rustikaler, beabsichtigter Schlichtheit.

The checkerboard belverdere, interior, and auction room all feature the same determined, rustic simplicity.

Jean Nouvel et son complice Édouard Boucher ont relevé le gant : les constructions seraient à la fois économiques, discrètes et ostentatoires. D'où la mise en œuvre du bois naturel, un *red cedar* qui prend avec l'âge une belle teinte argentée, et le positionnement de l'administration qui habite la longue barre tirée dans le paysage sur les frondaisons. L'accueil et le restaurant carnivore qui l'accompagne sont bâtis à quelques pas et se prolongent d'un belvédère de bois en damier couvrant la salle de vente. Là un amphithéâtre et un podium voient défiler les géniteurs superbes (et les génitrices) lors des ventes à la criée.

Herausforderung an: Die Bauten würden wirtschaftlich, diskret und ostentativ sein. Weshalb Naturholz verwendet wurde, ein *red cedar*, das im Laufe der Zeit eine schöne silberne Farbe annimmt, und die Büros in dem sich lang in der grünen Landschaft hinziehenden Gebäude untergebracht wurden. Der Empfang und das auf Fleischgerichte spezialisierte Restaurant gleich daneben verfügen zudem über ein die Versteigerungshalle überdachendes Belvedere mit schachbrettartiger Verkleidung. Im Amphitheater mit Podium defilieren bei den Versteigerungen prächtige Zuchttiere.

Along with Édouard Boucher, Jean Nouvel took up the challenge of providing low-cost buildings that would be both discreet and ostentatious at the same time. Hence the use of natural wood, a red cedar that takes on a fine silvery hue with age, and the positioning of the long administrative block that cuts across the leafy landscape. The reception pavilion and adjacent restaurant were built close by with a wooden chequerwork belvedere extension covering the auction room where the magnificent beasts on sale are paraded before the amphitheatre and podium.

Dax, France

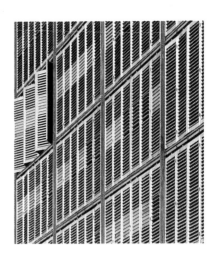

Hôtel et bains
Hotel und Bäder
Hotel and Spa

L'hôtel des Thermes témoigne de la délicatesse, de la gentillesse même avec laquelle Jean Nouvel peut venir glisser un nouvel édifice dans un paysage. Dax est une drôle de ville qui compte parmi ses monuments remarquables une arène de *toros* de taille exacte et toute en bois, un hôtel des années 30, le Splendid, dont le lustre un peu fané est irrésistible, et une rivière, l'Adour, dont le flot bienfaisant baigne l'atmosphère. Précédé d'une étude paysagère des rives, le nouvel hôtel prend place dans le centre en voisin respectueux du Splendid ; il en a adopté le gabarit et l'alignement ainsi qu'une ligne de toiture incurvée en hommage à son acrotère orné d'arches. Nouvel joue de nouveau ici le jeu du champ et du contre-champ de la vision. Vu de l'extérieur, l'hôtel présente des façades simples et égales, entièrement vitrées mais dérobées au regard par les jalousies de bois (nous sommes dans les Landes) sur toute leur surface. La disposition des chambres autour d'un atrium central donne à chacune une vue privilégiée sur la rivière et/ou sur la ville. Les coursives

Das Hôtel des Thermes beweist die Feinfühligkeit, ja die Liebenswürdigkeit, mit der Jean Nouvel einen Neubau in eine Landschaft einzufügen versteht. Dax ist eine ungewöhnliche Stadt, zu deren Sehenswürdigkeiten eine Stierkampf-arena ganz aus Holz zählt, das Splendid, ein Hotel aus den dreißiger Jahren mit einem unwiderstehlichen, etwas verstaubt wirkenden Lüster, und der Fluß Adour, von dessen wohltuenden Fluten die Luft erfüllt ist. Nachdem eine Fluß-Landschafts-studie vorgenommen worden war, hat das neue Hotel im Zentrum Platz genommen, als respektabler Nachbar des Splendid; es hat dessen Größe und Ausrichtung wie auch dessen gebogenes Dach. Nouvel bedient sich hier einmal mehr des Blick- und Gegenblickfeldes. Von außen betrachtet weist das Hotel simple, gleichförmige Fassaden auf, die ganz aus Glas sind, aber durch die Jalousien aus Holz (wir sind hier in der Gegend Landes) auf der gesamten Fläche keinerlei Einblick gewähren. Die um einen Innenhof angeordneten Zimmer bieten ausnahmslos einen außergewöhn-

The Hôtel des Thermes provides a fine illustration of Jean Nouvel's knack for gently and delicately slipping a new building into the landscape. Dax itself is a curious town, boasting a remarkable, impeccably proportioned bullring which is built entirely in wood, a charmingly weather-beaten 1930s hotel, the old Splendid, and a river, the Adour, which bathes everything in its pervasive atmosphere. Following on from a preliminary study of the riverscape, the new hotel was built in the city centre. Respecting the dimensions and alignment of the neighbouring Splendid, the new building features a curving roofline echoing the latter hotel's arched parapet wall. Once again, Nouvel has brought into play contrasting fields of vision. The treatment of the uniform exterior facades is straightforward: they are fully glazed, yet discreetly concealed by wooden shutter-blinds, which are typical of the Landes region. The rooms, each commanding a fine view over the river or the town, are laid out around a central atrium. The surrounding landscaped is framed in

Une serre tropicale comme paysage intérieur d'un bâtiment enclos dans des jalousies de bois.

Ein tropisches Gewächshaus als „Landschaft" in einem von Jalousien aus Holz umgebenen Gebäude.

A tropical greenhouse as interior landscape of a building enclosed in wooden shutter-blinds.

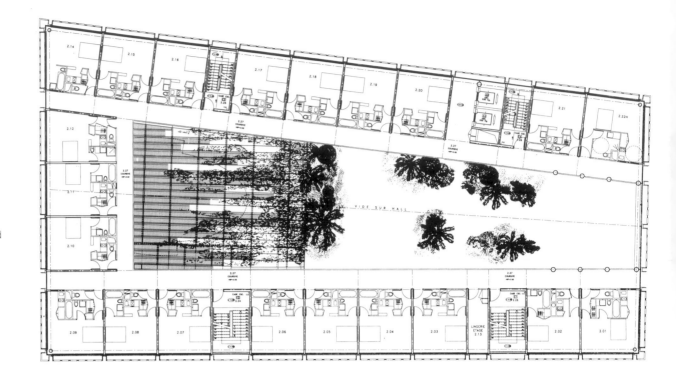

Le dialogue est courtois avec le vénérable Splendid sur les rives de l'Adour. Atrium et piscine ouvrent sur le paysage.

Der Dialog mit dem ehrwürdigen Splendid am Ufer des Adour ist höflich. Atrium und Schwimmbad öffnen sich auf die Landschaft.

A courteous dialogue with the venerable Splendid on the banks of the Adour. Both atrium and swimming pool open onto the river.

ouvertes à chaque extrémité ménagent des cadrages sur le paysage. La piscine même offre un large panorama de la rivière et de la rive opposée. Une végétation exotique vient envahir l'atrium et couvrir la verrière de la piscine. Une ambiance de bleu aquatique dispensée par les vitrages colorés est renforcée par les traits de néon qui rythment les coursives dont chaque détail technique est mis en scène. Les chambres revêtues de probité candide et de housses tantôt bleues et tantôt blanches déclinent un même thème aquatique apaisé.

lichen Ausblick auf den Fluß und/oder die Stadt. Die an den Enden offenen Gänge sind auf die Landschaft abgestimmt. Auch das Schwimmbad bietet einen weiten Blick auf den Fluß und das gegenüberliegende Ufer. Der Innenhof ist voller exotischer Vegetation, die auch die Glasfläche des Schwimmbads bedeckt. Die aquatisch-blaue Atmosphäre ist dem farbigen Glaswerk zu verdanken und wird noch verstärkt durch die Neonstreifen, die die Brücken rhythmisch ordnen und deren kleinstes Detail in Szene gesetzt wird. Die Zimmer in ihrer unbefangenen Bravheit mit mal blauen und mal weißen Bettbezügen sind im gleichen Stil gehalten.

the open-ended galleries; even the swimming pool offers a panoramic view of the river and the opposite bank. An exotic vegetation invades the atrium, covering the glazed roof of the pool. The aquatic blue atmospheric effect created by the coloured glazing is enhanced by the provision of neon strip-lighting along the galleries, each technical detail of which is highlighted. The same peaceful aquatic theme is reiterated in the simply decorated rooms with their blue or white bedcovers.

Des coursives, du café ou des
chambres, des vues ouvertes
ou cadrées sont ménagées
sur la ville et la rivière.

Die Verbindungsbrücken des Cafés
oder der Zimmer, die offenen oder
justierten Ausblicke gehen zur Stadt
und zum Fluß.

Galleries, coffee bar and bedrooms
offer open or framed views
onto the town and the river.

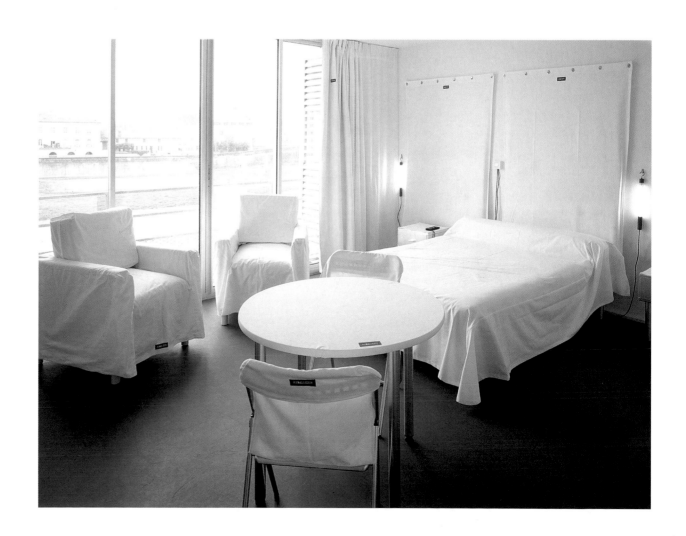

Issy-les-Moulineaux, France

Agence de publicité
Werbeagentur
Advertising Agency

Aux portes de Paris, entre Boulogne et Issy-les-Moulineaux, la Seine prend un tour paresseux. Aux rives de ses îles, sur le bras peu fréquenté des chalands, au ras de leur ligne de flottaison, les péniches se sont faites sédentaires sur un fond de banlieue que rongent peu à peu les bureaux. C'est au bord de l'île Saint-Germain qu'est venue s'ancrer l'agence de publicité CLMBBDO. Nouvel a échoué son nouveau siège sur un plan d'eau tranquille planté de tiges aquatiques et de nénufars. Avec ses façades de métal sombre taché de minium, le vaisseau ressemble à un vieux cargo rouillé et voué à une lente décomposition. Nouvel aime les contrastes : ici, il évoque la métaphore de l'huître, rugueuse de son écaille grise et verdâtre mais lisse et précieuse de ses dessous nacrés. L'intérieur de l'édifice est distribué sur quatre niveaux par des coursives autour d'un vaste vide central. Cette partie, destinée à la rencontre et à la communication (les publicitaires « échangent ») est traitée comme une salle de gymnastique avec ses parquets clairs marqués du sigle de la firme, de

Vor den Toren von Paris, zwischen Boulogne und Issy-les-Moulineaux, macht die Seine eine träge Windung. An den Ufern dieser Inseln, auf den Flußarmen, die die Lastkähne nur wenig befahren, sind Schleppkähne vor dem Hintergrund der Banlieue, der die Büros immer näher kommen, seßhaft geworden. Und am Ufer der Ile Saint-Germain hat die Werbeagentur CLMBBDO ihren Anker geworfen. Nouvel hat den neuen Firmensitz auf eine ruhige, mit Wasserpflanzen und Seerosen bepflanzte Wasserfläche auflaufen lassen. Mit seinen dunklen, menniggefleckten Metallfassaden ähnelt das Schiff einem alten, verrosteten Dampfer, der dabei ist, sich langsam aufzulösen. Nouvel liebt Kontraste: Hier bedient er sich der Metapher der Auster – rauh in ihrer grau-grünlichen Schale, aber glatt und köstlich in ihrem perlmutternen Innern. Das Interieur des Gebäudes ist auf vier Ebenen verteilt, mit Gängen um einen großen, zentralen, leeren Raum herum. Dieser für Begegnungen und die Kommunikation bestimmte Teil (Werbeleute „tauschen sich aus") ist mit seinem hellen Parkett, das das

When it reaches the outskirts of Paris, between Boulogne and Issy-les-Moulineaux, the sluggishly flowing Seine becomes dotted with small islands; away from the heavily laden barge traffic that plies the main river, house boats are moored along the backwaters in a suburban landscape which has been encroached upon by office development. Jean Nouvel's CLMBBDO advertising agency headquarters stand on the banks of Ile Saint-Germain by a quiet stretch of water a spot that is luxuriant with aquatic plants and water-lilies. The dark, red lead-painted facades conjure up the image of an old, beached, rusting freighter. Nouvel likes contrasts: in this case he has deployed the metaphor of the oyster with, on the one hand, its rough, grey-green outer shell and, on the other, its delicately smooth and pearly within. The interior of the agency is distributed on four levels by galleries laid out around a large central void. This part of the building, which is intended for reunions and communication activities, is treated like a gymnasium: it features light-

La préciosité des intérieurs lisses et nacrés contraste avec les aspects rudes de l'extérieur aux allures de vieux cargo piqué au minium (pages suivantes).

Das Feine des glatten, perlmutternen Inneren bildet einen starken Kontrast zum rauhen Äußeren, das einem alten Frachtschiff mit Mennigflecken ähnelt (folgenden Seiten).

The delicately smooth and pearly interiors contrast with the rough exterior resembling an old red-lead painted freighter (next pages).

gros chiffres et de lignes de couleur, ses banquettes et ses gros poufs de skaï rouge et son mobilier d'exposition aux allures d'appareils de musculation.

Les espaces de travail ouvrant à la fois sur les coursives et sur des passerelles vers le paysage proche combinent le bois, le verre sablé et la bâche souple dans un mobilier décontracté qui a été conçu pour le lieu. L'atrium est clos d'une vaste toiture vitrée qui à la belle saison s'ouvre par larges pans comme dépliant les ailes du bâtiment pour laisser entrer un morceau de ciel et la silhouette d'un arbre.

Firmenlabel trägt, seinen großen Ziffern und farbigen Linien, seinen Bänken und dicken Polsterhockern aus rotem Skai und seinem Mobiliar, das Muskulationsgeräten ähnelt, wie ein Gymnastiksaal konzipiert.

Die Arbeitsbereiche, von denen man über Gänge und Stege zur nahen Landschaft gelangt, kombinieren Holz mit geschliffenem Glas und schmiegsamer Plane für ein lässiges, speziell kreiertes Mobiliar. Der Innenhof ist mit einem großen Glasdach überspannt, das sich bei schönem Wetter öffnen läßt, und zwar so, als würde man die Flügel des Gebäudes öffnen, um ein Stückchen Himmel und die Silhouette eines Baumes hereinzulassen.

coloured parquet embazoned with the firm's logo, outsize figures and coloured lines, leatherette seats and pouffes, and display elements reminiscent of body building equipment. The work spaces open onto the galleries, footbridges, and the landscape beyond and combine wood, sandblasted glass, and sleek awnings which have been specially designed for the space. During the summer months, sections of the large glazed atrium roof open like unfolding wings, revealing a patch of sky and the silhouette of a tree.

Un environnement de travail sportif et ludique amarré près des vieux chalands.

Ein sportliches, verspieltes Arbeitsumfeld nahe der alten Lastkähne.

A recreational, sporting environment moored alongside old barges.

Saint-Imier, Suisse

Usine

Fabrik

Factory

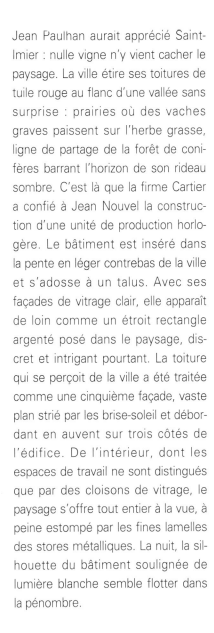

Jean Paulhan aurait apprécié Saint-Imier : nulle vigne n'y vient cacher le paysage. La ville étire ses toitures de tuile rouge au flanc d'une vallée sans surprise : prairies où des vaches graves paissent sur l'herbe grasse, ligne de partage de la forêt de conifères barrant l'horizon de son rideau sombre. C'est là que la firme Cartier a confié à Jean Nouvel la construction d'une unité de production horlogère. Le bâtiment est inséré dans la pente en léger contrebas de la ville et s'adosse à un talus. Avec ses façades de vitrage clair, elle apparaît de loin comme un étroit rectangle argenté posé dans le paysage, discret et intrigant pourtant. La toiture qui se perçoit de la ville a été traitée comme une cinquième façade, vaste plan strié par les brise-soleil et débordant en auvent sur trois côtés de l'édifice. De l'intérieur, dont les espaces de travail ne sont distingués que par des cloisons de vitrage, le paysage s'offre tout entier à la vue, à peine estompé par les fines lamelles des stores métalliques. La nuit, la silhouette du bâtiment soulignée de lumière blanche semble flotter dans la pénombre.

Jean Paulhan hätte Saint-Imier geschätzt, denn: kein Weinstock verdeckt die Landschaft. Die roten Ziegeldächer der Stadt erstrecken sich am Hang eines ganz normalen Tales: fette Weiden mit grasenden Kühen, ein Nadelholzwald, der wie ein dunkler Vorhang den Horizont versperrt. Dies ist der Ort, an dem das Unternehmen Cartier Jean Nouvel mit dem Bau eines Uhrenwerks betraute. Das Gebäude ist unterhalb der Stadt am Hang gelegen. Mit seinen hellen Glasfassaden ähnelt es von weitem einem schmalen, silbernen Rechteck, das in die Natur gesetzt wurde, diskret ist, aber dennoch neugierig macht. Das von der Stadt aus sichtbare Dach wurde wie eine fünfte Fassade behandelt und ist eine große, durch den Sonnenschutz geriffelte Fläche, die an drei Seiten als Vordach ausragt. Von innen, wo die Arbeitsräume nur durch Glaswände voneinander getrennt sind, hat man einen offenen Blick auf die Landschaft. Bei Einbruch der Nacht scheint die von weißem Licht hervorgehobene Silhouette des Gebäudes im Halbdunkel zu schweben.

Jean Paulhan would have appreciated Saint-Imier: not a single vine hides the landscape. The red-tiled roofs of the town stretch over the flank of an unpretentious little valley; cattle graze on the lush meadow grass; beyond, the horizon is sealed by the dark curtain of the forest line. It was here that Cartier the jewellers commissioned Jean Nouvel to build a watch-making production unit. The building lies on the valley slope just below the town, backing on to a long embankment. From afar, its clear, glazed facades appear like a narrow, silver rectangle placed discreetly, yet intriguingly, in the landscape. The roof overhangs three sides of the building and is visible from the town; it has been treated as a fifth facade, a large plane with bands of sun-screens. The interior, with work spaces separated by simple glazed partition walls, offers a full view of the landscape, barely obstructed by the fine slats of the metal blinds. At night, the building's silhouette, picked out in white light, seems to float in the dark.

L'usine donne à voir tout l'environnement naturel à ses opérateurs. À l'observateur extérieur, elle apparaît comme un pur objet.

Von der Fabrik aus überblickt man die ganze Landschaft. Dem äußeren Betrachter erscheint sie als ein pures Objekt.

The factory reveals the natural landscape to the employees, and to the outside observer appears as a pure object.

L'usine s'inscrit dans ce paysage expansif comme une horizontale de plus, un étalonnage de la nature. Le toit-façade à lamelles et les stores minces appartiennent à un même système qui tend à la fois à cacher et à révéler (pages suivantes).

Die Fabrik präsentiert sich in dieser offenen Landschaft als zusätzliche Horizontale, als Eichung der Natur. Das auskragende Lamellendach und die schmalen Markisen gehören jenem System an, das einerseits verbergen und andererseits enthüllen will (folgende Seiten).

The factory merges into the spacious landscape like yet one more, naturally calibrated, horizontal feature. The striated roof/facade and fine metal blind slats produce a similar effect, simultaneously concealing and revealing (next pages).

L'écran indécis du réel
Der schwankende Bildschirm des Realen
The elusive screen of reality

La transparence, c'est intégrer tout le milieu ambiant comme composante de l'espace créé.

Transparenz bedeutet, das gesamte Umfeld in den geschaffenen Raum zu integrieren.

Transparency means incorporating the surrounding environment as an integral feature of created space.

« La transparence, c'est avant tout la façon d'imprégner une architecture du site environnant, de favoriser l'interférence de l'existant et du construit, d'intégrer tout le milieu ambiant comme composante à part entière de l'espace créé. Elle implique par nature de composer avec la variation de ce milieu, variation de lumière et de couleur... » Dans un texte intitulé « Trans-apparences », Jean Nouvel avait tôt répondu aux contempteurs d'une notion grossièrement réduite à une vision crue du réel. Dès l'aube des années 80, Nouvel se colletait avec une modernité revue et corrigée par ses soins, dont il entendait qu'elle prît en compte les grands phénomènes émergents de l'époque, et tout particulièrement le foisonnement des images diffusées par les médias, le cinéma, la télévision, la vidéo... Nouvel prônait pour l'architecture la bi-dimensionnalité en arguant assez justement qu'elle était saisie d'abord par le regard. Il s'agissait aussi d'échapper à la fatalité de la pesanteur, à la matérialité de la construction. Du concours pour la division de l'équipement à Poitiers à celui de Tête Défense, du premier centre culturel pour Cartier à Jouy-en-Josas au projet du tribunal de la Mer à Hambourg se précisaient des inclusions du bâti entre de larges pans de verre tendant à offrir à leurs occupants un paysage total à peine vibrant de minces stores protecteurs. L'horticulteur Richard Neutra en avait fait de même dans ses villas californiennes, une façon simple et directe de faire

„Transparenz ist vor allem die Art, wie ein Bauwerk von seiner Umgebung geprägt und Bestehendes mit dem in Einklang gebracht wird, was entstehen soll, wie man die Umwelt als wichtigen Teil des zu schaffenden Raumes berücksichtigt. Sie verlangt auf eine natürliche Art, mit der Veränderung der Umgebung, der Variation von Licht und Schatten zu arbeiten..." In einem Text mit dem Titel „Trans-apparences" hat Jean Nouvel schon früh jenen eine Antwort gegeben, deren Vision der Realität grob reduziert war. Schon in den frühen achtziger Jahren hat er eine von ihm neu definierte, korrigierte Modernität verfochten, die in seiner Vorstellung die großen Ereignisse der Zeit berücksichtigte, vor allem auch die Vielzahl der von den Medien, dem Kino, dem Fernsehen, dem Video, usw. verbreiteten Bilder. Nouvel pries für die Architektur das Zweidimensionale, indem er zu Recht folgerte, daß sie zunächst vom Blick erfaßt wird. Auch ging es darum, der Fatalität der Schwerkraft und der Materialität der Konstruktion zu entgehen. Vom Wettbewerb des Bebauungsplanes von Poitiers bis zur Tête Défense, vom ersten „Centre culturel" für Cartier in Jouy-en-Josas bis zum Projekt des Hamburger Seegerichtshofs präzisierte sich die Tendenz, das Gebaute mit großen Glasflächen einzufassen, um seinen Benutzern die absolute Landschaft zu bieten – schwach flimmernd durch die leichten, schützenden Markisen. Der Gartenbauer Richard

"Transparency is primarily a way of blending architecture and environment, of creating interrelationship between the existing fabric and new buildings, of treating the surrounding milieu as an integral component of created space. By its very nature, it implies coming to terms with the variations of place, in light and colour..."
Trans-apparences, an early text by Jean Nouvel, was written as a response to crude denigrators who reduced the notion to a gross travesty of reality. From the early 1980s, Nouvel had been formulating his own revised vision of modernity, one which took into account new and important factors, in particular the teeming images spawned by the global spread of electronic, media images, the cinema, television and video media. He advocated a bi-dimensional approach to architecture, arguing, justifiably, that architecture is first of all perceived by the eye. Seeking to escape from the inevitability of architecture as sheer bulk and "materiality", in a range of projects including the Poitiers Public Amenities Department building competition, the Tête Défense competition, the initial Cartier Cultural Centre at Jouy-en-Josas, and the Hamburg International Maritime Tribunal, he elaborated the idea of gliding built structures in between large glazed surfaces – equipped with discreet protective blinds – and offered users a sense of total landscape. The horticulturist Richard Neutra, with his straightforward, direct

entrer la végétation ou le désert dans la maison. Chez Nouvel, la chose se fait plus complexe. L'Institut du monde arabe exploitait déjà un jeu déroutant de réflexions et de réfractions par la multiplication des écrans et des points de vue. Dans ses projets ultérieurs, la façade elle-même se fait écran qui dissimule et révèle simultanément sa superficialité et la profondeur de l'édifice. On peut évoquer à ce propos la peinture flamande (et le miroir qui renvoie au spectateur). C'est plus probablement vers le tube cathodique que tend l'architecture de Nouvel : elle en revendique la platitude au premier regard, mais aussi la profondeur de champ qui va jusqu'au bout du monde et jusqu'à ses extrémités micro- et macroscopiques. Elle en adopte les modes opératoires et les trucs efficaces : fondus-enchaînés, zooms et déséquilibres, répétitions, dédoublements et incrustations, holographies et moirages, superposition des trames... Au passage, elle s'adjuge la figure et la représentation en intégrant la photographie et l'image animée. Une architecture qui s'essaie à la synthèse du réel revisité à la lueur frémissante du tube cathodique. ■

Neutra tat desgleichen in seinen kalifornischen Villen – eine leichte und direkte Art, die Vegetation oder die Wüste ins Haus zu holen. Bei Nouvel geschieht das allerdings auf eine komplexere Art. Für das Institut du monde arabe nutzte er bereits ein irreführendes Spiel aus Lichtreflexion und Strahlenbrechung, hervorgerufen durch die mannigfaltigen Blenden und Ausblicke. In späteren Arbeiten wird die Fassade, die ihre Oberflächlichkeit und die Tiefe des Gebäudes sowohl verbirgt als auch offenbart, selbst zum Lichtschirm. In diesem Zusammenhang kann die flämische Malerei (und der Spiegel, der auf den Betrachter verweist) evoziert werden. Die Architektur Nouvels zielt wohl mehr zur Kathodenröhre hin: Sie nimmt deren Flachheit auf den ersten Blick für sich in Anspruch, aber auch die Tiefe, die bis zum Ende der Welt reicht und sogar bis zu ihren mikro- und makroskopischen Schlußpunkten. Sie übernimmt ihre Wirkungsweise und ihre effizienten Kunstgriffe: weiche Überblendung, Zooms und Unsymmetrien, Doppelungen und Inkrustationen, Holographien und Moiréwirkungen sowie die Überlagerung der Raster... Nebenbei eignet sie sich die Figur und die Darstellung an, indem sie die Fotografie und das bewegte Bild integriert. Eine Architektur, die sich an der Synthese des Realen versucht – neu definiert im flackernden Licht der Kathodenröhre. □

way of allowing surrounding nature to merge with built form had achieved a similar effect in his Californian villas. Nouvel's approach is more complex. Already, the Arab World Institute featured a disconcerting interplay of reflections and refractions generated by a proliferation of screens and differing vantage points. In his later projects, the facade itself has become screen, simultaneously concealing and revealing the surface and depth of the building. One is reminded of Flemish painting and the way it offers the viewer mirror reflections. Nouvel's architecture, however, probably has closer affinities with television; at first sight seemingly flat, yet with a scope extending to the ends of the earth and its micro- and macroscopic limits. It adopts similar operational techniques and tricks: fade-ins and fade-outs, zooms, unusual angles, repeats, split images, superimposition, holographs and watered effects, multi-framing etc. It has also become figurative and representational, integrating photography and the moving image. An architecture which attempts a synthesis of reality in the shimmering-light of the cathode ray tube. ■

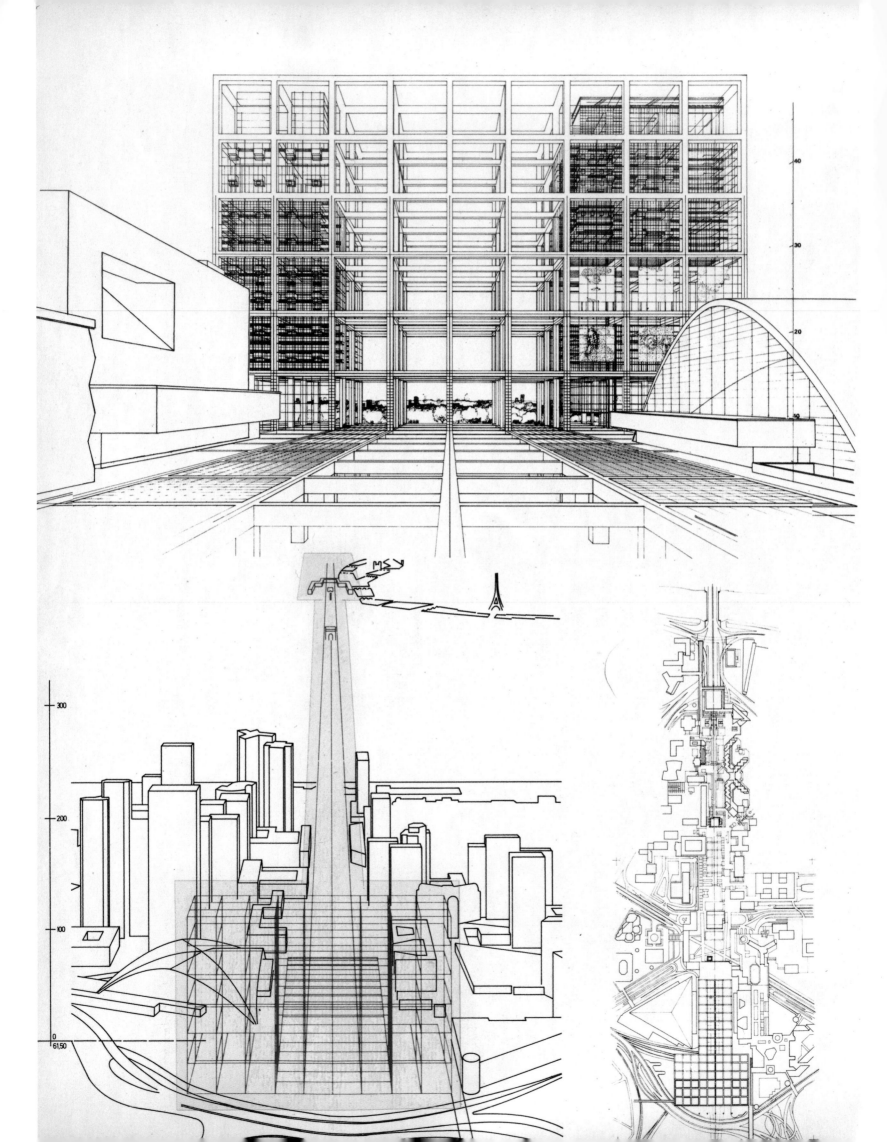

Paris, France

Tête Défense, ou la mise au carreau de l'horizon
Tête Défense oder die Quadratur des Horizons
Tête Défense, or how to frame the horizon

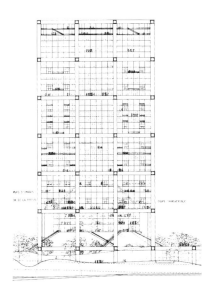

Le concours de la Tête Défense remporté par le Danois Spreckelsen a suscité un bel édifice d'une modernité un rien académique avec sa géométrie blanche et l'exploit technique que représente un ouvrage d'art bâti à cent mètres d'altitude. On mesure mieux rétrospectivement ce que le projet de Nouvel et de ses complices avait de prophétique : leur Tête Défense, c'est le manifeste d'une mutation architecturale. La dématérialisation entre en scène sous la forme d'une mégastructure d'une orthogonalité implacable mais diaphane, comme en pointillé, nécessairement subtile afin de laisser place à son corollaire, une vision précise et décalée du paysage, du ciel et des nuages, de la nature et des saisons. Il faudra à Nouvel un bel entêtement et quinze années pour prouver le bien-fondé du concept et en donner les preuves tangibles avec l'immeuble de Cartier Raspail.

Tête Défense, c'est un programme public ambitieux typique de l'aube des années 80 : un centre international de la communication (la version solide d'Internet), deux ministères (le symbole de la décentralisation) et

Der Tête Défense-Wettbewerb, der von dem Dänen Spreckelsen gewonnen wurde, brachte ein schönes, wenn auch ein wenig akademisches Gebäude hervor; mit seiner weißen Geometrie und seinen technischen Errungenschaften ist dies ein hundert Meter hoher Kunstbau. Im nachhinein vermag man besser zu begreifen, was der Entwurf von Nouvel und seinen Komplizen an Prophetischem aufwies: Ihre Tête Défense ist das Manifest einer architektonischen Mutation. Die Dematerialisation tritt in Form einer unerbittlichen, aber transparenten rechtwinkligen Megastruktur auf, zwangsläufig subtil, um ihrem Korollar Platz zu lassen, einer präzisen, versetzten Vision der Landschaft, des Himmels und der Wolken, der Natur und der Jahreszeiten. Nouvels Hartnäckigkeit und eine Wartezeit von 15 Jahren waren erforderlich, um mit dem Cartier-Bau am Pariser Boulevard Raspail die Stichhaltigkeit des Konzepts zu beweisen.

Tête Défense ist ein für den Beginn der achtziger Jahre ehrgeiziges öffentliches Programm: ein inter-

The Tête Défense competition was won by the Dane Spreckelsen. The modernity of his fine white geometrical building, a technical achievement perched three hundred feet up, has a faintly academic touch. Now, in hindsight, the prophetic aspects of the project submitted by Nouvel and his colleagues stand out more clearly. Their Tête Défense project was a manifesto for architectural change. It featured dematerialisation in the form of a resolutely orthogonal, yet diaphanously stippled megastructure. Its subtility was a necessary counterpoint to its corollary: a clear, displaced vision of the landscape, sky and clouds, nature and seasons. It took Nouvel fifteen years of determined effort to tangibly demonstrate the validity of his concept with the Cartier building in Boulevard Raspail.

Tête Défence was a typical, early 1980s, ambitious public works programme involving the provision of an international communications centre (a solid version of the Internet), two ministries (the symbol of French decentralisation),

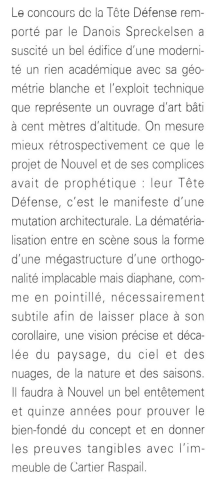

Présence ou absence : l'esthétique de la disparition mise en œuvre sous forme d'un carroyage à peine matérialisé par une grille évanescente.

An- oder abwesend: Die Ästhetik des Verschwindens in Form eines Netzes, kaum materialisiert durch ein sich auflösendes Gitter.

Presence or absence: the aesthetic of disappearance deployed in the form of a criss-cross pattern barely materialised by an evanescent grid.

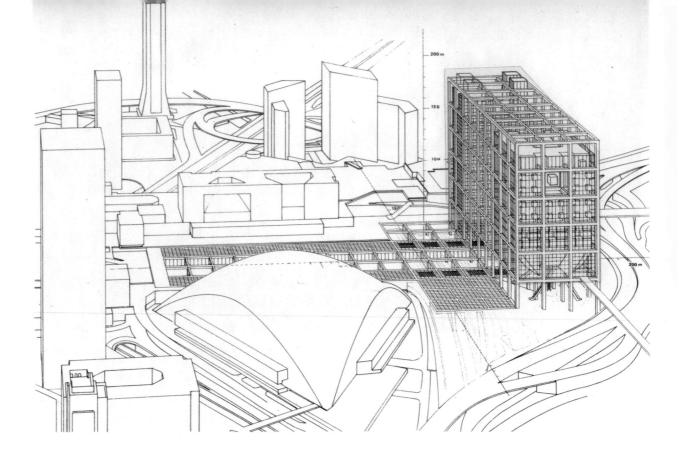

Une mégastructure habitée de part et d'autre de l'axe historique (Arc du Carrousel - Concorde - Arc de Triomphe - La Défense) et s'évanouissant dans sa partie médiane.

Eine beiderseits der historischen Achse (Arc du Carrousel - Concorde - Arc de Triomphe - La Défense) bewohnte Megastruktur, deren mittlerer Teil sich auflöst.

An inhabited megastructure on either side of the historic axis (Arc du Carrousel - Concorde - Arc de Triomphe - La Défense), its median part vanishing into the void.

l'achèvement de l'axe historique Louvre-Concorde-Étoile-Défense (une ligne tirée de l'imaginaire d'un technocrate ou d'un ingénieur du métropolitain). Pour adoucir le projet, Nouvel s'est procuré deux alibis béton : d'une part, il invoque le vieux « truc » des grands peintres de la Renaissance, le carroyage de la toile qui facilite la mise en espace du tableau en le fragmentant ; de l'autre, la structure blanche et idéale évoque une sculpture minimale de Sol Lewitt.

La question de la fermeture de la perspective demeure en suspens : Nouvel installe les programmes du centre de la communication et les ministères de part et d'autre de l'axe et laisse vide la partie médiane de la superstructure, un vide tremblé qui aplatit le fond du ciel. L'édifice est ancré dans le sol d'un grand jardin aménagé sur le talus du boulevard périphérique, jardin qui se lit en contre-plongée jusque sous la dalle pavée de verre. En vision lointaine comme à l'approche, poteaux et poutres capotés de métal et pans de verre clair s'effacent et se mêlent.

nationales Kommunikationszentrum (die solide Version von Internet), zwei Ministerien (das Symbol der Dezentralisierung) und die Vollendung der historischen Linie Louvre-Concorde-Etoile-Défense (der Phantasie eines Pariser Technokraten oder Ingenieurs entsprungen). Um das Projekt abzumildern, beschaffte Nouvel sich zwei unumstößliche Alibis: einerseits beruft er sich auf die „Tricks" der Maler der Renaissance, das Gitternetz der Leinwand, das die räumliche Gliederung des Bildes vereinfacht; andererseits evoziert die weiße, ideale Struktur eine Minimal Art-Plastik von Sol Lewitt.

Die Frage des Schließens der Perspektive bleibt offen: Nouvel bringt das Kommunikationszentrum und die Ministerien beiderseits der Achse unter und läßt den zentralen Teil des Gebäudes frei, was eine zitternde Leere ergibt, die die Tiefe des Himmels abflacht. Von weitem wie von nahem betrachtet, vermischen sich metallverkleidete Stützen und Träger mit hellen Glasausfachungen derart, daß man sie kaum zu unterscheiden vermag.

and the completion of the historic Louvre-Concorde-Etoile-Défense axis (a line spawned by the imagination of some technocrat or subway engineer). To soften the project Nouvel resorted to two stratagems: on the one hand, the Renaissance masters' "trick" of facilitating spatial treatment by splitting the canvas up into distinct areas, on the other, an impeccably white structure reminiscent of a Sol Lewitt minimalist sculpture.

The question of closing the perspective hung in suspense. Nouvel installed the communication centre and ministerial programmes on either side of the axis and left the median part of the super-structure a tremulous void, smoothing out the backdrop of the sky. The building was firmly anchored in a large park laid out along the embankment of the Paris urban ring road which could be glimpsed far below the glass-paved deck. Seen from afar or close up, post, beams, and glazed panes blended into each other.

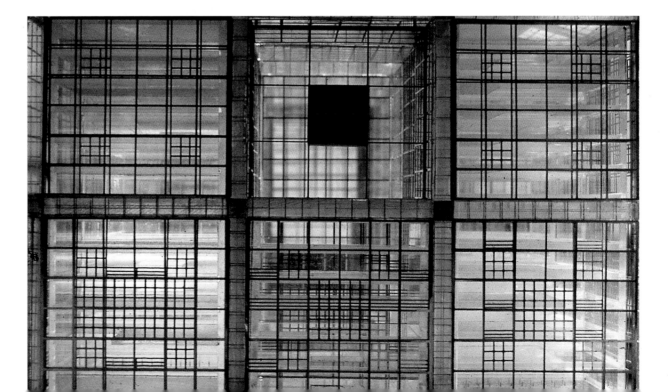

Paris, France

Immeuble Cartier
Cartier-Gebäude
The Cartier Building

Désabusé par ses tentatives infructueuses d'aménager un siège social pour sa branche française et d'étendre la fondation placée sous son égide dans le domaine du Montcel à Jouy-en-Josas, le président de Cartier change son fusil d'épaule : il s'entend avec les assureurs du GAN pour bâtir un nouvel édifice à Paris. Le président Alain Dominique Perrin a posé une condition : la construction en sera confiée à l'architecte de son choix. Ce sera Jean Nouvel. Embarrassés de leur propre projet dépourvu de grâce, ses interlocuteurs accèdent à son souhait. Le site est délicat : un long mur de pierre bordant le boulevard Raspail, des regrets laissés par un Centre américain qui y connut ses heures de gloire, un parc peuplé de hauts arbres dont le fameux cèdre planté par Chateaubriand, des associations de quartier sourcilleuses, influentes et qui avaient déjà renvoyé plus d'un projet à ses cartons. Dans sa raideur apparente, le schéma de Jean Nouvel leur donne satisfaction en proposant la destruction du mur, remplacé par un écran de verre, et une grille qui rend la vue du

Enttäuscht von den fruchtlosen Versuchen, einen Gesellschaftssitz für Frankreich zu errichten und die unter seiner Verantwortung stehende Stiftung von Jouy-en-Josas zu vergrößern, ändert der Präsident von Cartier, Alain Dominique Perrin, seine Strategie: Mit der Versicherung Gan kommt er überein, ein neues Gebäude in Paris zu bauen, macht jedoch zur Bedingung, den Architekten selbst zu bestimmen. Die Wahl fällt auf Jean Nouvel. Und da das Projekt seiner Gesprächspartner bar jeglicher Anmut ist, kommen sie seinem Wunsch nach. Die Lage und Umstände sind delikat: eine lange, den Boulevard Raspail abschließende Steinmauer, einiges Bedauern darüber, das American Center aufzugeben, das hier glorreiche Zeiten erlebte, ein Park mit hohen Bäumen, darunter die berühmte, von Chateaubriand gepflanzte Zeder, strenge, einflußreiche Stadtviertel-Initiativen, die bereits mehr als ein Bauvorhaben zunichte gemacht hatten.

In seiner offenkundigen Strenge stellt der Entwurf von Jean Nouvel sie jedoch zufrieden, denn er schlägt

Disillusioned by fruitless attempts to have a new French company headquarters and Arts Foundation building on the existing Moncel site in Jouy-en-Josas in the Paris suburbs, Cartier's chief executive altered tack, and made a deal with the GAN insurance corporation to commission a new building in central Paris. President Alain Dominque Perrin laid down one condition: the commission would go to the architect of his choice, Jean Nouvel. Stuck with their own graceless project, the GAN partners acquiesced. It was an awkward site: a long stone wall running along Boulevard Raspail, much regretted previous occupants – the celebrated American Center – a garden of fine trees including the famous cedar planted by Chateaubriand, and finicky, influential local residents' associations who had already rejected to several projects. Nouvel's straightforward scheme, replacing the wall by a glazed screen through which passers-by could once more admire the gardens, appealed to them. At this stage, it was difficult to suspect that this innocent gesture

L'édifice évanescent se fond dans le parc peuplé de hauts arbres.

Das sich auflösende Gebäude vermischt sich mit den hohen Bäumen des Parks.

The evanescent building dissolves into the gardens and the tall trees.

Le brouillage se poursuit dans l'édifice et ses partitions en fondu-enchaîné. Les façades absorbent et restituent les couleurs du ciel et des saisons (pages suivantes).

Diese Verwirrung setzt sich im Gebäude mit seiner ineinander übergehenden und verknüpften Aufteilung fort. Die Fassaden absorbieren die Farben des Himmels und der Jahreszeiten und restituieren sie (folgende Seiten).

The blurring effect is reiterated in the building and its semi-transparent glazed partitions. The facades absorb and recreate the changing colours of sky and seasons (following pages).

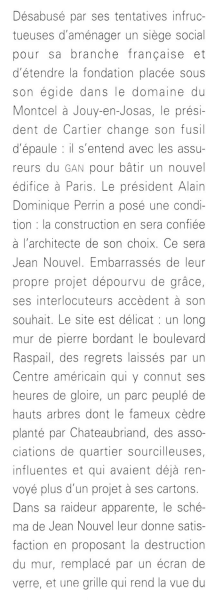

Les cloisons de verre sablées ajoutent
à l'irréalité du lieu.

Die Trennwände aus Trübglas erhöhen
noch die Irrealität des Gebäudes.

Sand-blasted glass partitioning
contributes to the pervasive feeling of
unreality.

parc aux passants. Il n'est pas facile de soupçonner à ce stade que ce geste innocent constitue l'idée-force du projet et que Nouvel trouve enfin l'occasion rêvée de mettre en œuvre des idées qui lui étaient chères et qu'il avait affinées au cours du temps. La transparence n'est pas ce qu'on croit : l'édifice contenu entre deux écrans de verre montés sur la structure de métal la plus légère, plus larges et hauts que nécessaire, se dissout dans son cadre naturel. Les plantations du parc et du boulevard se reflètent et se réfractent au jeu des trois écrans, y flottent en abîme, déroutent le regard, défient la raison. L'édifice évanescent absorbe et restitue les couleurs des saisons, les heures du jour et de la nuit dans un paysage sans cesse renouvelé. Cette vision au bord du vertige s'apaise dans les bureaux cloisonnés de verre sablé dotant personnes et choses d'un contour flou et laiteux. L'immeuble Cartier se pose déjà en jalon majeur à la fois pour l'œuvre de l'architecte et pour le siècle qui s'achève.

den Abbruch der Mauer vor, die durch eine Glaswand ersetzt wird, sowie ein Gitter, das den Passanten Einblick in den Park ermöglicht. In diesem Stadium ist es nicht leicht, sich vorzustellen, daß diese unscheinbare Geste den Leitgedanken des Projektes darstellt und Nouvel schließlich die Ideen umzusetzen vermag, die ihm schon lange am Herzen liegen. Die Transparenz ist nicht das, was man annimmt: Das Gebäude, eingefaßt zwischen zwei Glasscheiben, höher und breiter als erforderlich, löst sich in seinem natürlichen Umfeld auf. Die Bepflanzung des Parks und des Boulevards werden durch die drei Glasflächen reflektiert und gebrochen, scheinen abgrundtief, verwirren, sind eine Herausforderung an den Verstand. Diese schwindelerregende Vision wird ruhiger in den durch Trennwände aus Milchglas unterteilten Büros. Sowohl in bezug auf das Werk des Architekten als auch auf das ausgehende 20. Jahrhundert stellt dieses Gebäude einen architektonischen Meilenstein dar.

was in fact the key idea in the project and that Nouvel had at long last found the dreamt-of opportunity to implement cherished concepts honed over the years. The transparency is deceptive: the building, encased between two higher and wider than necessary, glazed screens, mounted on ultra-light-weight metal structures, dissolves into its natural surround-ings. The trees in the gardens and along the boulevard are reflected and refracted in the three inter-playing screens – they float in an abyss, confusing the eye and defying reason. In a ceaselessly changing landscape, the evanescent building absorbs and recreates seasonal colours and the hours of the day and night. This dizzying vision is toned down by the glass-partitioning of the office space which bathes people and objects in hazy, semi-transparent contours. The Cartier building already stands out as a landmark, not only in Nouvel's career, but in late 20th-century architecture as well.

La dématérialisation ou l'abolition des
limites : entre les trois écrans de
verre, le réel et ses images se fondent
et s'entrecroisent dans
un jeu de pure illusion
(pages suivantes).

Entmaterialisierung oder Aufhebung
der Grenzen: Zwischen den drei
Glaswänden vermischen und
durchkreuzen sich Wirklichkeit und
Vorstellung in einem vollendeten Spiel
der Illusionen (folgende Seiten).

De-materialisation or the abolition of
limits: interplaying images dissolve
and merge between the three glazed
screens in an atmosphere of sheer
illusion (following pages).

Lille, France

Centre Euralille
Euralille
Euralille Centre

La création à Lille d'une gare de TGV reliant Londres au continent a dégagé entre celle-ci et la gare Lille-Flandres un vaste terrain et donné naissance à un nouveau quartier. Euralille est un ambitieux programme : le plan général en a été tracé par Rem Koolhaas/OMA qui a également bâti le centre des congrès. Deux tours conçues respectivement par Christian de Portzamparc et Claude Vasconi chevauchent la ligne de chemin de fer. Quant au « triangle des gares » qui comprend un vaste centre commercial, cinq tours, un immeuble de logements et un hôtel, Rem Koolhaas en a confié l'architecture en chef à Jean Nouvel. Devant une maîtrise d'ouvrage disparate et peu sensible à l'architecture et une maîtrise d'œuvre locale volontiers frondeuse, l'entreprise tenait de la gageure.

L'opiniâtreté de Nouvel et les sacrifices qu'il a consentis lui ont permis d'illustrer à l'échelle urbaine sa conviction que lumière et matière ont aujourd'hui plus d'importance en architecture que les concepts traditionnels de forme et de volume. Nouvel a assumé le plan et la

Durch den Bau des TGV-Bahnhofs in Lille, der London mit dem Kontinent verbindet, entstand zwischen diesem und dem Bahnhof Lille-Flandres ein neues Stadtviertel. Euralille ist ein ehrgeiziges Programm: Der Masterplan stammt von Rem Koolhaas/OMA, der auch das Kongreßzentrum baute. Die beiden Türme, die die Gleise überspannen, wurden von Christian de Portzamparc und Claude Vasconi entworfen. Für das „Dreieck der Bahnhöfe", mit einem großen Einkaufszentrum, fünf Hochhäusern, einem Wohngebäude und einem Hotel, übertrug Rem Koolhaas Jean Nouvel die Gesamtverantwortung. Eine nicht aufeinander abgestimmte Bauherrenschaft und unkooperative Bauunternehmer machten das Projekt zu einem mühsamen Unterfangen.

Durch Hartnäckigkeit und Opfer, die er gebracht hat, konnte Nouvel auf städtebaulicher Ebene seine Überzeugung illustrieren, daß Licht und Materie in der Architektur heute mehr Bedeutung haben als traditionelle Konzepte für Form und Volumen. Nouvel übernahm den von Koolhaas gezeichneten Lageplan und die allgemeine Volumetrie. Nun ging es

With the building, in Lille, of a high-speed train(TGV) station linking London to the continent, a vast site was opened up between the new terminal and the existing Lille-Flandres station, and a new quarter emerged. Euralille is an ambitious programme; the master plan was drawn up by Rem Koolhaas/OMA who also designed the conference centre; two tower blocks, designed respectively by Christian de Portzamparc and Claude Vasconi, straddle the railway line, while Rem Koolhaas commissioned Jean Nouvel with the main architecture of the "Stations Triangle", including a huge shopping centre, five tower blocks, an apartment block and a hotel. A challenging under-taking, given a disparate client body with scant architectural feeling and a less than co-operative local architect.

Novel's persistency, and the compromises he accepted, allowed him to demonstrate on an urban scale his conviction that light and material are architecturally now more crucial than the traditional concepts of form and volume. He accepted the

Effets holographiques, introductions d'images photographiques géantes et de marquages colorés tendent à dessiner une échelle urbaine.

Holographische Effekte, Verwendung gigantischer fotografischer Bilder und farbiger Markierungen streben nach einem urbanen Maßstab.

Holographic effects and the use of giant photographic images and coloured markings reinforce the delineation of an urban scale.

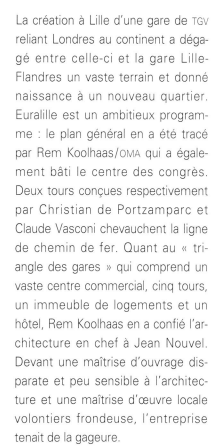

Matière et lumière sous forme de ponctuations et d'échelles colorées prennent le pas sur l'espace et la forme.

Materie und Licht in Form von bunten Markierungen und Farbenreihen verdrängen Raum und Form.

Space and form are supplanted by material and light in the form of punctuations and coloured scales.

volumétrie générale édictés par Koolhaas. Il s'agissait dès lors de doter un système hétérogène d'une cohérence lisible.

L'immeuble de logements et l'hôtel surplombent à l'ouest l'immense toiture en légère pente revêtue d'un caillebotis métallique. Au sud, les trois tours (cinq à terme) surgissent de la même toiture.

Nouvel ne partage pas la défiance de la plupart des architectes à l'égard des signes et enseignes commerciales : il pense au contraire qu'au-delà de leur valeur informative ou symbolique, ils génèrent une esthétique qui ne manque de force ni de vitalité. Sur les façades du centre et les bâtiments qui l'entourent, l'architecte a ainsi défini un gris neutre qui sert de fond à une série de marquages holographiques. La sérigraphie de grandes images sur les baies anticipe et accompagne les enseignes du centre. Le bâtiment d'habitation et l'hôtel présentent une façade bigarrée par le jeu des films colorés apposés sur les baies prenant sous le ciel du Nord des reflets mouvants. Ici, Nouvel esquisse un pas vers l'usage de la photographie à l'échelle urbaine.

darum, einem heterogen System eine deutliche Kohärenz zu verleihen. Das Wohngebäude und das Hotel überragen im Westen die riesige, leicht abfallende, mit einem Metallgitter versehene Bedachung. Im Süden erheben sich die drei Türme (geplant sind fünf).

Nouvel teilt nicht den Argwohn, den die meisten Architekten gegenüber kommerziellen Zeichen und Schildern hegen. Er glaubt im Gegenteil, daß deren informativer oder symbolischer Wert über eine Ästhetik verfügt, der es weder an Kraft noch an Vitalität mangelt. Für die Fassaden des Zentrums und die Gebäude, die es umgebenden, wählte der Architekt deshalb ein neutrales Grau, das einer Reihe holographischer Strukturen als Untergrund dient. Die großen Siebdrucke auf den Glasfronten nehmen die Werbung vorweg und begleiten sie. Das Wohngebäude und das Hotel verfügen mit ihren transparenten Farbbeschichtungen über eine bunte Fassade, die unter dem Himmel des Nordens lebendige Reflexe zeigt. In Euralille macht Nouvel einen Schritt zur Verwendung der Fotografie im Städtebau.

overall plan and volumetric guidelines laid down by Koolhaas and sought to invest a heterogenous system with visible coherence. To the west, the apartment block and hotel overlook the vast, gently sloping, metal-grill roof from which, to the south, the three (ultimately five) towers emerge.

Nouvel spurns most architects' suspicion of commercial signs and advertising believing instead that, apart from their informational and symbolic value, they generate a forceful, vital aesthetic. Thus, on the facades of the shopping centre and surrounding buildings, he has defined a neutral grey as backdrop to a series of holographic markings. The large screen-print images on the windows both anticipate and accompany the signs of the centre. The facades of the apartment block and hotel feature a multi-coloured play of film on the openings which are bathed in moving relections beneath the northern French sky. At Euralille, Nouvel has made a tentative step towards the use of photography on an urban scale.

Berlin, Deutschland

Immeuble
Gebäude
Building

Ceux qui visitaient Berlin avant la chute du Mur ne pouvaient qu'être saisis du contraste entre les deux villes : d'un côté le confort et le luxe de la vitrine du monde occidental ; de l'autre la sévérité grise du matérialisme dialectique. Après la réunification, les édiles se sont préoccupés de réduire cette différence. Le vide laissé par le Mur et ses abords immédiats constituait naturellement le champ ouvert à la construction.

Friedrichstrasse avait connu ses heures fastes dans le premier quart du siècle : ce fut la rue la plus commerçante et animée du vieux Mitte, le centre historique de la ville.

En 1992, un concours fut lancé pour la construction de trois immeubles reliés par un passage : les lauréats en furent I. M. Pei, Oswald Ungers et Jean Nouvel. Tandis que, soumis aux mêmes contraintes de gabarit et de volumétrie, Pei et Ungers tentent de renouer avec l'opacité et la minéralité de l'architecture prussienne, Jean Nouvel exprime une tout autre approche de la revitalisation du quartier. Pour lui, l'édifice ne pouvait être qu'absolument moderne et briller de feux tels qu'il éclaire tout le

Vor dem Fall der Mauer war der Berlin-Besucher vom Kontrast zwischen den beiden Städten beeindruckt: auf der einen Seite der Komfort und der Luxus des Schaufensters des Westens, auf der anderen die graue Strenge des dialektischen Materialismus. Nach der Vereinigung waren die Stadtväter darum bemüht, diesen Unterschied abzuschwächen. Die durch die Mauer gelassenen Leere und die unmittelbare Umgebung bot ein offenes Baufeld.

Im ersten Viertel des 20. Jahrhunderts erlebte die Friedrichstraße eine glanzvolle Zeit: Es war die lebendigste Geschäftsstaße des alten Berlin-Mitte, des historischen Zentrums der Stadt.

1992 fand ein Wettbewerb zur Errichtung von drei Gebäuden statt, die durch eine Passage miteinander zu verbinden waren. Gewonnen wurde er von I.M. Pei, Oswald Ungers und Jean Nouvel. Während Pei und Ungers versuchen, an die Opazität und die Mineralität der preußischen Architektur anzuknüpfen, geht Jean Nouvel zur Revitalisierung des Stadtviertels ganz

Visitors to Berlin in the days when the Wall still stood could not fail to be struck by the contrast between the two cities; on one side, the luxurious opulent showcase of Western materialism, on the other, the grim severity of dialectical materialism. After reunification, city officials set about narrowing the gap. The void left by the demolition of the wall and areas in the immediate vicinity naturally left the field open for construction work. Friedrichsstrasse had enjoyed its heyday as the busiest and most bustling thoroughfare in the old Mitte, the historic city centre, in the early decades of the century.

In 1992, a competition was launched for the construction of three buildings linked by an arcade. The winners were I.M.Pei, Oswald Ungers and Jean Nouvel. Although all three were subject to the same constraints of size and volume, Pei and Ungers sought to revive the opaque, mineral aspect of Prussian architecture, whereas Nouvel adopted a quite different approach to the regeneration of the area. In his view, the building could only be

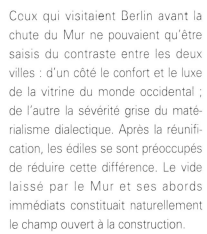

Au-delà d'une architecture de l'émotion et de la sensation, une architecture de l'événement : un édifice clignotant d'images et de signes et la réinvention du grand magasin.

Jenseits einer gefühlsbetonten und sensationellen Architektur: die Ereignis-Architektur. Ein Gebäude voller blinkender Bilder und Zeichen: das neu erfundene Kaufhaus.

An architecture which is not only emotional and sensual but also an event: a building with flashing images and signs, the department store re-invented.

147

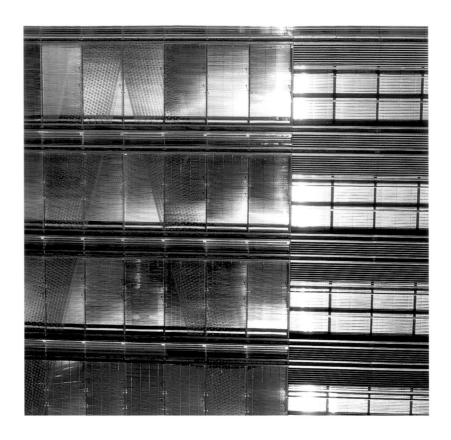

Une façade sombre et chatoyante de ses stores de métal qui filtrent et projettent dans les espaces de travail une lumière pointilliste.

Eine dunkel schimmernde Fassade dank Metallmarkisen, die das Licht filtern und pointilistische Lichtzeichen in die Arbeitsbereiche projizieren.

A dark, glistening facade with metallic blinds which filter and project a pointillistic light into the work spaces.

Les percées coniques (pages suivantes) décomposent et recomposent la lumière et la géométrie dans les espaces de bureau : un nouvel Art nouveau ?

Im Bürobereich zerlegen konische Öffnungen (folgende Seiten) das Licht und die Geometrie und setzen sie erneut zusammen: ein neue Art nouveau?

The glazed cones (following pages) decompose and recompose light and geometry in the office spaces: a new Art nouveau?

voisinage comme le symbole tangible d'une ère nouvelle. Nouvel l'a conçu comme un « événement » : une façade de verre sombre marquée de grands écrans aux images mouvantes et ponctuée d'enseignes lumineuses en défilement laisse transparaître la profondeur de l'édifice et le spectacle de ses activités. Les bureaux situés à la périphérie sont éclairés *a giorno* par des cônes de verre. Pour les Galeries Lafayette, qui occupent le cœur du dispositif, Nouvel réinterprète la typologie du grand magasin du XIXᵉ siècle : deux larges cônes de verre opposés par leur base reconstituent le vide central qui permet d'embrasser tout l'espace de vente d'un coup d'œil. L'architecte en brouille délibérément la vision par des projections en anamorphose sur le cône central qui se mue en spirale constellée de points lumineux multicolores.

anders vor – obwohl alle drei den gleichen räumlichen Zwängen unterliegen. Für Nouvel konnte der Bau nicht anders als vollkommen modern sein und sollte derart brillieren, daß er als greifbares Symbol einer neuen Ära die ganze Umgebung kennzeichnet. Nouvel konzipiert ihn als ein „Ereignis": Eine dunkle Glasfassade – markiert durch große Flächen mit bewegten Bildern und unterstrichen durch vorbeiziehende Leuchtinfos – gibt die Tiefe des Gebäudes und das Spektakel seiner Aktivitäten zu erkennen. Die Büros erhalten Zenith-Licht über Glaskegel. Für das in der Mitte gelegene Kaufhaus Galeries Lafayette interpretiert Nouvel auf neue Art die Typologie des Warenhauses des 19. Jahrhunderts: Zwei breite Glaskegel mit entgegengesetzter Basis rekonstruieren die zentrale Leere, was erlaubt, den gesamten Verkaufsbereich zu überblicken. Diese Sicht wird bewußt durch Projektionen auf den zentralen Konus verzerrt, der sich in eine mit vielfarbigen Lichtpunkten bedeckte Spirale verwandelt.

totally modern, illuminating the entire neighbourhood as the tangible symbol of a new era. He designed it as an "event": a dark, glazed facade with large screens of moving images, punctuated by scrolling signs reveals the depth of the building and the range of its activities. By day, the offices on either side are lit by luminous glass cones, while for the Galeries Lafayette, occupying the heart of the project, Nouvel has reinterpreted the typology of the 19th-century department store: two large glass cones with opposing bases form a central void allowing all of the sales floors to be taken in at a glance. He has deliberately blurred the view by bathing the central cone in anamorphic projections, a spiralling constellation of multicoloured luminous dots.

LE CIMETIERE DU LABYRINTHE

BOULEVARD DU

TRAIT D'UNION

LE CIMETIERE DES TREILLES

BOULEVARD DU XXIème

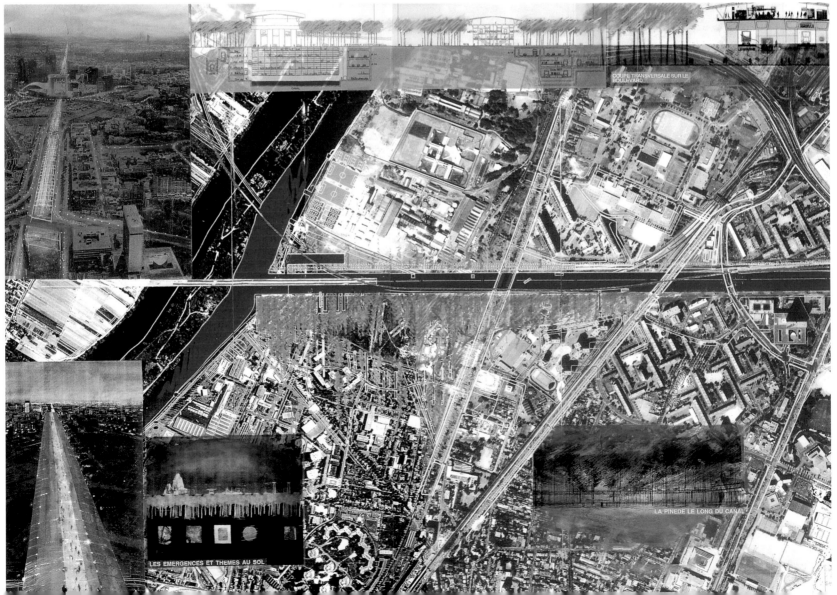

COUPE TRANSVERSALE SUR LE BOULEVARD

CANAL

LA PINEDE LE LONG DU CANAL

LES EMERGENCES ET THEMES AU SOL

La modification de la ville
Die Umgestaltung der Stadt
Changing the City

La transparence, c'est intégrer tout le milieu ambiant comme composante de l'espace créé.

Transparenz bedeutet, das gesamte Umfeld in den geschaffenen Raum zu integrieren.

Transparency means incorporating the surrounding environment as an integral feature of created space.

Dès le XIXe siècle, la question urbaine hante les consciences. Mais c'est à l'issue de la Deuxième Guerre mondiale qu'elle se pose en crise aiguë qui mobilise politiques, urbanistes et architectes confrontés à l'explosion démographique et au déménagement des territoires. En homme du réel, Jean Nouvel en a fait un constat lucide : la matière construite accumulée en quelques courtes décennies est sans équivalent dans l'histoire de l'homme. Elle constitue un phénomène fatal, comme une nouvelle couche géologique sur la planète. Les villes du passé, classiques ou baroques, procédaient encore de l'autorité de l'homme sur un territoire. Les utopies du début du siècle avaient rêvé une table rase idéale, un vide parfait sur lesquels pouvaient s'échafauder théories et projets. Aujourd'hui, c'est un trop-plein qui doit être affronté. C'est là un état de fait qui marque la fin des grands récits et des grands tracés et sonne le glas d'un urbanisme à grande échelle déconsidéré par les échecs répétés de la prévision. À ceux qui l'accusent de complicité avec le chaos, Nouvel réplique : « Je ne suis pas pour le chaos. Je suis dedans. Mais je le sais. » Il souligne encore que la notion traditionnelle de centralité s'est modifiée et que les villes sont devenues des nébuleuses à plusieurs foyers qui défient la vision que nous tenions pour acquise : la banlieue, c'est aussi le centre.

De ce constat, il tire les conséquences : les

Bereits seit dem 19. Jahrhundert beschäftigt die Frage des Städtebaus die Menschen. Aber erst nach dem Zweiten Weltkrieg zeigt sie sich in Form von regelrechter Wohnungsnot, was Politiker, Städteplaner und Architekten mobilisiert, sind sie doch mit Bevölkerungsexplosion und Gebietswechsel konfrontiert. Jean Nouvel stellte hierzu fest, daß innerhalb weniger Jahrzehnte beispielloser gebaut wurde als während der gesamten Menschheitsgeschichte. Diese Bausubstanz ist fatal und vergleichbar mit einer neuen geologischen Schicht, die den Planeten bedeckt. Die Städte der Vergangenheit, ob klassisch oder barock, hatten ihren Ursprung darin, daß der Mensch über sein Territorium verfügte. Die Utopisten des frühen 20. Jahrhunderts träumten von einer Tabula rasa, einer absoluten Leere, auf der man Theorien und Projekte aufbauen konnte. Heute muß man mit einer Überfülle fertig werden. Diese Tatsache kennzeichnet das Ende der großen Geschichten und der großen Pläne und kündigt den Exitus eines Städtebaus in großem Maßstab an, der aufgrund wiederholter Mißerfolge in Verruf gekommen ist. Denen, die ihm vorwerfen, für dieses Chaos mitschuldig zu sein, antwortet Nouvel folgendes: „Ich bin nicht für das Chaos. Ich befinde mich in ihm. Aber ich bin mir dessen bewußt." Außerdem weist er darauf hin, daß die traditionelle Vorstellung von Zentralität sich geändert hat und die Städte zu Anhäufungen mit

The urban issue has haunted the human conscience since the 19th century. However, in the aftermath of the Second World War, the issue became critical, mobilising politicians, town planners and architects confronted with population explosion and a shift from rural areas. As a realist, Jean Nouvel's assessment of the situation is lucid: the sheer amount built in a few short decades is unparalleled in human history; this is an inevitable phenomenon, like a new geological layer on the earth's crust. In the past, the impetus behind Classical or Baroque cities still derived from human authority over a given territory; early 20th-century utopias had dreamt of an ideal *tabula rasa* upon which new theories and projects could be constructed from zero; nowadays, however, the problem is over-saturation. This reality has signalled the demise of grand theories and universal schemes and has sounded the knell of a type of large-scale town planning discredited by repeated failure. To those who accuse him of being an accessory to chaos, Nouvel replies: "I'm not for chaos. I'm surrounded by chaos. But I'm aware of the fact." He stresses that the traditional notion of centrality has altered, that cities have become multi-dimensional galaxies challenging our accepted vision of things: suburbia itself has become another city centre.

He has drawn the appropriate conclusions. Times have moved on; the new urban age

temps ont changé. Le nouvel âge urbain impose de nouvelles attitudes : nous sommes entrés dans l'ère de la modification des villes. Chaque situation urbaine requiert son analyse propre, son diagnostic, ses choix réfléchis, ses solutions à une échelle maîtrisable ; toutefois, il faut être conscient de la fragilité des facteurs politiques, économiques et sociaux. Ce que prône Nouvel, c'est une approche lucide, précautionneuse, souple, attentive à ne pas commettre (à nouveau) l'irréparable, une approche qui tire le meilleur parti de l'état des choses. ■

mehreren Mittelpunkten geworden sind, die jene Sicht herausfordert, die wir uns angewöhnt haben: Auch der Vorort ist ein Zentrum.
Und folgert aus dieser Feststellung heraus, daß die Zeiten sich geändert haben. Das neue Städtebau-Alter verlangt ein neues Verhalten: Heute leben wir in der Zeit der Umgestaltung der Städte. Jede einzelne Situation innerhalb des Städtebaus verlangt eine besondere Analyse, eine Diagnose, abgewogene Entscheidungen und Lösungen; selbstverständlich muß man sich darüber bewußt sein, daß die politischen, wirtschaftlichen und sozialen Faktoren fragil sind. Deshalb befürwortet Nouvel, aufgeschlossen, vorsichtig, flexibel und aufmerksam vorzugehen, um irreparable Fehler nicht (erneut) zu begehen und das Beste aus dem zu machen, was ist. □

imposes new attitudes: we have entered the era of the changing city. Each urban situation calls for specific analaysis and diagnosis, considered choices and solutions on a manageable scale; at the same time, we have to be aware of the fragility of economic, political and social factors. What Nouvel is advocating is a lucid, cautious, flexible approach, careful not to (yet again) commit the irreparable, an approach which optimises reality. ■

Il ne s'agit plus aujourd'hui de bâtir la ville sur quelque table rase miraculeuse, mais de l'améliorer et de la modifier en inventant les procédés qui en mettent en valeur l'existant et le prolongent.

Plan urbain à l'ouest de La Défense (page précédente), front de rivière à Rotterdam (ci-dessus), projet pour Rotterdam, Schiehafen dock (à droite).

Heute will man die Stadt nicht mehr auf einer mirakulösen Tabula rasa errichten; vielmehr geht es darum, sie umzugestalten und zu modifizieren durch neue Verfahren, die Bestehendes verbessern und weiterentwickeln.

Stadtbauplan westlich der Défense (vorhergehende Seite), Flußfront in Rotterdam (oben), Projekt für Rotterdam, Schiehafen Dock (rechts).

Today, it is no longer a question of building the city on some miraculous Tabula rasa, but rather of improving and modifying it by inventing processes which will both highlight and extend the existing fabric.

La Défense West urban plan (overleaf), Rotterdam riverfront (above), project for Schiehafen dock, Rotterdam (right).

Berlin, Deutschland

Berlin demain
Berlin morgen
Tomorrow's Berlin

La chute du Mur de Berlin révélait dans sa nudité blême une longue bande de terrain laissé pour compte, le no man's land qui avait durant près de trente ans constitué le symbole tangible de la guerre froide. Tandis que politiques et investisseurs fourbissaient leurs outils pour réduire ces traces de la ville schizophrène et en exploiter au mieux les possibilités ouvertes, le devenir de cette frontière déchue posait une question urbanistique unique dans l'histoire des villes. Afin d'alimenter le débat public, l'un des plus importants quotidiens allemands, le *Frankfurter Allgemeine* lançait dès 1990 un concours d'idées auprès de quelques fameux architectes et urbanistes du monde occidental. La zone proposée à la réflexion embrassait les confins des quartiers de Tiergarten, Kreuzberg et Mitte, les lieux mêmes où le Mur séparait Berlin Ouest du centre historique de la cité.
Les grands protagonistes de l'architecture internationale ont pris rendez-vous avec l'Histoire. Ils ont conçu de grands projets urbains jalonnés de grands édifices à leur marque : ils ont relié d'un trait

Der Fall der Berliner Mauer offenbarte in ihrer bleichen Nacktheit einen langen Streifen Land, das sich selbst überlassen war; ungefähr 30 Jahre lang war dieses no man's land das greifbare Symbol des kalten Krieges gewesen. Während Politiker und Investoren ihre Werkzeuge schon bald auf Hochglanz brachten, um die Spuren der schizophrenen Stadt zu verwischen und die gebotenen Möglichkeiten best-möglich zu nutzen, warf die Zukunft dieser gefallenen Grenze eine in der Geschichte des Städtebaus einzigartige städtebauliche Frage auf. Um die öffentliche Debatte zu beleben, rief die *Frankfurter Allgemeine Zeitung* 1990 bei einigen berühmten Architekten und Städteplanern der westlichen Welt zu einem Ideenwettbewerb auf. Das Gebiet schloß die Grenzen der Stadtviertel Tiergarten, Kreuzberg und Mitte ein, also den Bereich, der Westberlin vom historischen Zentrum der Stadt einst trennte.
Die Protagonisten der internationalen Architektur gaben der Geschichte ein „Stelldichein". Sie entwarfen urbane Großprojekte mit zahlreichen

With the fall of the Berlin Wall, a long drab strip of derelict land was laid bare, the no-man's-land that had tangibly symbolised the cold war for thirty years. While politicians and investors were preparing to erase the traces of the former schizophrenic city, and to make the most of the new opportunities opened up, the future of this freshly demolished frontier raised an unprecedented urban challenge. In 1990, seeking to foster public debate, a major German daily newspaper, the *Frankfurter Allgemeine*, invited a number of famous Western architects and town planners to submit ideas for the renovation of a zone comprising the Tiergarten, Kreuzberg and Mitte districts, the very areas where the Wall had cut off West Berlin from the historic city centre.
Major architects of international repute rose to the historical challenge, designing vast urban projects with grand buildings: they linked the Kurfürstendamm and Leipzigerstrasse along a new east-west axis, planned New York-style skyscrapers, proposed grandiose palaces of culture.

Aux limites du Mur après la chute, une stratégie urbaine destinée à « rallumer » le vieux Mitte.

Die Grenze nach dem Mauerfall, eine städtebauliche Strategie, damit Berlin-Mitte seinen „alten Glanz" zurückerhält.

In the vicinity of the former Berlin Wall, an urban strategy aimed at "switching back on the lights" in the historic Mitte district.

ouest-est le Kurfürstendamm à Leipzigerstrasse, projeté vers le ciel des gratte-ciel new-yorkais, proposé des châteaux à la gloire de la culture... La proposition de Jean Nouvel marquait sa différence. Ce n'est pas une planification à terme aux prévisions hasardeuses qu'envisageait l'architecte, mais une série d'interventions proches, destinées à illuminer ces quartiers assombris par un vide de trente ans. Enseignes, affiches publicitaires, néons et journaux lumineux venaient habiller façades et pignons et lever le couvre-feu. Des perspectives et des cadrages révélaient de lointains clochers. Sur les terrains libres, des aménagements éphémères, kiosques, cafés, librairies, aires de jeux et de sport, venaient insuffler à la ville une vitalité retrouvée. Jean Nouvel encore une fois explorait les limites strictes d'un possible et venait rappeler, à l'instar de Bruno Ganz et Peter Falk dans une fameuse scène berlinoise du film *Les ailes du désir*, que le goût du café et des cigarettes, ce n'est pas affaire d'anges.

großen Gebäuden und verbanden in Ostwestachse den Kurfürstendamm mit der Leipziger-straße, projizierten Wolkenkratzer nach New Yorker Vorbild in den Himmel, konzipierten Schlösser zum Ruhm der Kultur... Der Entwurf Jean Nouvels war ganz anders: kein Terminplan mit gewagten Prognosen, sondern eine Reihe von Eingriffen, bei denen die Leere dieser Gegend, die knapp 30 Jahre gewährt hatte, durch Glanz ersetzt werden sollte. Leuchtwerbung und Neonlichter bedeckten Fassaden und Giebel und beendeten die Ausgangssperre. Perspektiven und Öffnungen gaben entfernte Kirchtürme zum erkennen. Auf dem freien Gelände sollten kurzlebige Einrichtungen wie Kioske, Cafés, Buchhandlungen sowie Spiel- und Sportstätten diesem Teil der Stadt neue Vitalität verliehen werden. Einmal mehr erforschte Jean Nouvel die starren Grenzen des Möglichen und erinnerte so in der Art eines Bruno Ganz und Peter Falk in einer berühmten Szene des Films *Der Himmel über Berlin* daran, daß der Geschmack von Kaffee und Zigaretten keine Angelegenheit von Engeln ist.

Jean Nouvel's approach was quite different. Starting out from a lucid assessment of realities, he refused to anticipate some hypothetical future contingent on unpredictable economic and political decisions. Instead of a hazardous long-term planning scheme, he submitted a series of more immediate proposals aimed at brightening up urban areas that had been subjected to thirty years of dreary emptiness. The curfew would be lifted by the provision of signs, advertising, neon lighting and electronic bulletin boards on facades and roof tops. New perspectives and vistas would reveal distant church steeples. Short-term developments in the newly available sites – kiosks, cafés, bookshoops, play and sports areas – would breathe new life into the city. Once again, Nouvel was exploring the limits of the strictly possible, reminding us – like Bruno Ganz and Peter Falk in a memorable Berlin scene in the film *Wings of Desire* – that a taste for coffee and cigarettes is not for angels.

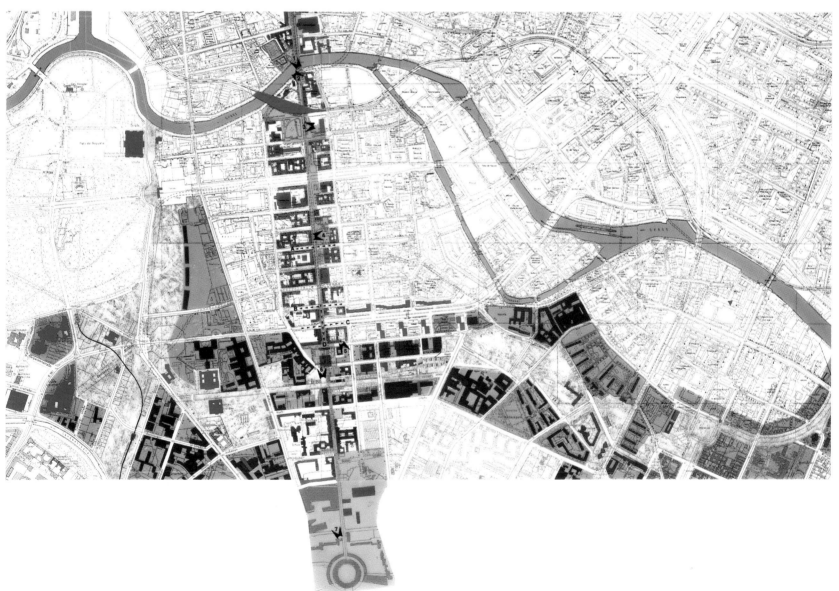

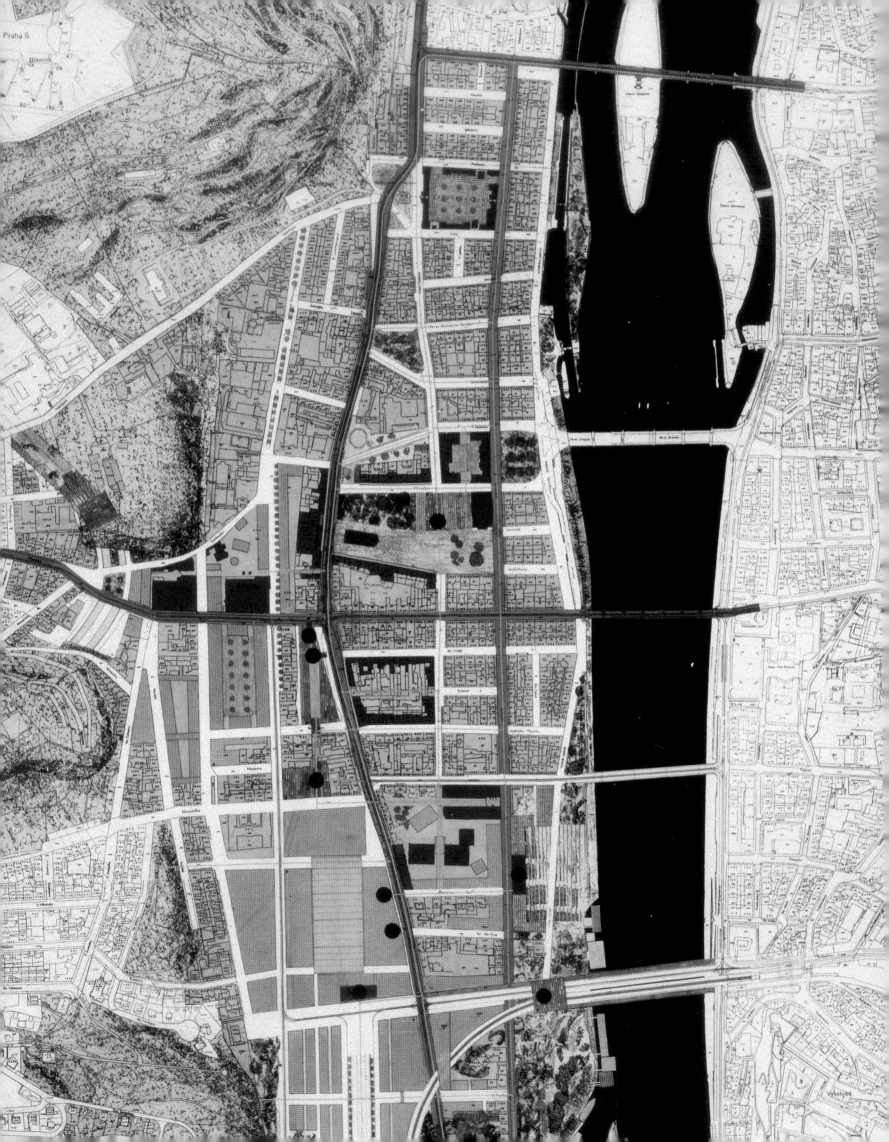

Prague, Czech Republic

Quartier Schmikov
Stadtteil Schmikov
The Schmikov Quarter

L'étude urbaine du quartier de Prague Schmikov s'est effectuée dans les meilleures conditions, la présence conjointe des édiles et des futurs investisseurs garantissant la plausibilité du projet. L'ambition est grande qui se propose de rénover quelque deux cents hectares sur la rive du fleuve opposée au centre historique. La situation n'est que trop commune : un habitat du XIXᵉ siècle languissant, des friches industrielles et des usines sur le départ.

La première étude entreprise par l'équipe réunie autour de Jean Nouvel a évité le pire en obtenant qu'une voie périphérique scindant irrémédiablement le quartier en deux soit enterrée. Une étude patiente des rues et des bâtiments du quartier a été effectuée. Nouvel en a repéré les moments forts et aptes à former des points de convergence : la silhouette imposante de la brasserie, le monument hérissé (un bâtiment depuis longtemps sous échafaudage), le pont qui fut habité, la future gare de chemin de fer européenne ; il a recommandé une stratégie par induction,

Dank guter Zusammenarbeit zwischen den Stadtvätern und den zukünftigen Investoren konnte der Städtebau-Entwurf des Prager Stadtteils Schmikov unter besten Bedingungen vorgenommen werden. Groß ist die Ambition, die vorsieht, jene ca. 200 Hektar zu revitalisieren, die am Flußufer dem historischen Zentrum gegenüber liegen. Die Situation ist nicht unbekannt: heruntergekommene Wohnungen aus dem 19. Jahrhundert, verlassene Industrieanlagen und im Aufbruch befindliche Fabriken.

Erste Machbarkeitsstudien vom Team Jean Nouvels konnten das Schlimmste verhindern und erreichen, daß die Umgehungsstraße, die das Viertel endgültig gespalten hätte, unterindisch verläuft. Es wurde eine Studie über Straßen und Gebäude des Stadtviertels vorgenommen. Nouvel erkannte die Vorzüge und all das, was ein Zusammenspiel erlaubte: die imposante Silhouette des Bierhauses, das gespickte Bauwerk (seit langem eingerüstet), die früher bewohnte Brücke, der künftige europäische Bahnhof. Nouvel empfahl eine

The urban planning study of the Schmikov quarter in Prague was carried out under ideal conditions, the plausibility of the project being guaranteed by the joint presence of both local officials and future investors. The ambitious project proposed the renovation of some five hundred acres along the river bank opposite the historic city centre. The context was all too typical: a jaded 19th-century habitat, derelict industrial sites, factories on the point of closure. The initial study undertaken by Jean Nouvel and his team avoided the worst by ensuring that an uban motorway which would have cut an irremediable swathe through the quarter ran underground. A painstaking survey of the streets and buildings was then carried out. Nouvel pinpointed the various highlights liable to act as points of convergence: the impressive silhouette of the brewery, the bristling monument (a building long covered by scaffolding), the bridge with its former dwellings, the future European railway station. His proposed strategy proceeded by

Un travail lent et minutieux qui tient de l'acupuncture et vise à redonner au quartier sa vitalité par des interventions exemplaires.

Eine langsame, minuziöse Arbeit, in etwa mit der Akupunktur vergleichbar, die darauf abzielt, durch beispielhafte Eingriffe dem Viertel seine Vitalität zurückzugeben.

A slow, painstakingly methodical process, a kind of acupuncture that aims to restore life to the area by exemplary interventions.

Le bâtiment, longtemps conforté par des échafaudages, sera réhabilité mais figé sous son enveloppe hérissé, commme monument incongru (ci-dessus).

Das schon seit langem eingerüstete Gebäude wird renoviert und behält vorläufig die gespickte Umhüllung eines unschicklichen Denkmals (oben).

The building, long covered in scaffolding, is to be renovated but preserved in its bristling skin as an inconguous monument (above).

Une réhabilitation douce s'appuyant sur des points remarquables.

Eine behutsame Renovierung, die an bemerkenswerte Punkte anknüpft.

Gently handled renovation relying on outstanding local features.

une sorte de traitement par acupuncture : associer des actions ponctuelles par paires avec la conviction que deux piqûres agissant en deux points voisins peuvent susciter une énergie favorable au développement, le tissu urbain se reconstituant peu à peu par capillarité. Il s'agit là d'un travail précis, long mais indispensable, qui implique une analyse immeuble par immeuble et l'adoption de mesures appropriées à chaque cas. La méthode est exigeante, mais elle seule peut garantir l'exactitude du diagnostic et le maintien de la population dans les lieux (Nouvel est formellement opposé à l'exil causé par la rénovation), avec l'espoir que les habitations seront plus spécifiques et originales, voire plus « intelligentes », que dans une rénovation traditionnelle.

Sur les rives de la Vltava, au long d'une île étirée, seront développées des activités différentes liées aux jeux de l'eau.

Strategie, die einer Akupunktur-Behandlung ähnelt: punktuelle, paarweise (zwei Spritzen, an verschiedenen, benachbarten Stellen) durchzuführende Aktionen, um so eine sich günstig auf die Entwicklung auswirkende Energie zu erlangen. Hierbei handelt es sich um eine präzise Arbeit, die zwar lang, aber erforderlich ist und voraussetzt, daß jedes einzelne Gebäude analysiert wird und individuelle Maßnahmen ergriffen werden. Die Methode ist anspruchsvoll, aber nur sie vermag eine richtige Diagnose wie auch das Verbleiben der Bewohner in den Häusern während der Renovierung zu gewährleisten (worauf Nouvel großen Wert legt). Auch hofft er, daß die Wohnungen über mehr Originalität und „Intelligenz" als bei der üblichen Renovierung verfügen werden.

An den Ufern der Moldau werden entlang einer langgestreckten Insel verschiedene Aktivitäten entwickelt, die mit dem Wassersport und -spiel zu tun haben.

induction – a kind of acupuncture treatment whereby selective actions were paired in the conviction that two neighbouring injections would release the energy required for development, and that the urban fabric would gradually be restored by capillarity. This involved a lengthy, meticulous, but indispensible process implying a building-by-building survey and the adoption of appropriate measures in each specific case. Although demanding, it was the sole method by which an accurate diagnosis, and the retention of the local population (Nouvel categorically rejects the exodus caused by urban renovation) could be guaranteed, in the hope that the new accommodation would be more individual and original, even more "intelligent", than in traditional renovation programmes.

Various water sports activities are to be developed on an island stretching along the banks of the Vltava.

Paris, France

Seine Rive Gauche
Linkes Seine-Ufer
Seine Left Bank

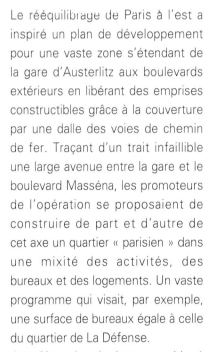

Le rééquilibrage de Paris à l'est a inspiré un plan de développement pour une vaste zone s'étendant de la gare d'Austerlitz aux boulevards extérieurs en libérant des emprises constructibles grâce à la couverture par une dalle des voies de chemin de fer. Traçant d'un trait infaillible une large avenue entre la gare et le boulevard Masséna, les promoteurs de l'opération se proposaient de construire de part et d'autre de cet axe un quartier « parisien » dans une mixité des activités, des bureaux et des logements. Un vaste programme qui visait, par exemple, une surface de bureaux égale à celle du quartier de La Défense.

Jean Nouvel avait vivement critiqué le projet et son inspiration haussmanienne accommodée à la manière des villes nouvelles, qui ignorait les particularités du site, ses qualités propres et les monuments qui le peuplaient : la destruction du pont de Tolbiac en fut un triste avatar.

Invité à un concours restreint pour l'aménagement des abords immédiats de la gare d'Austerlitz et de la Salpêtrière, Jean Nouvel a retrouvé sa fougue militante. Il a étendu sa

Die Neuausrichtung des Pariser Ostens regte zu einem Bebauungsplan an, der jenes große Gebiet einbezieht, das sich vom Austerlitz-Bahnhof bis zu den Boulevards Extérieurs erstreckt und dank der Überdachung der Bahngleise ein bebaubares Gelände zur Verfügung stellt. Für die mit sicherem Strich trassierte breite Avenue zwischen dem Bahnhof und dem Boulevard Masséna schlugen die Bauherren vor, beiderseits dieser Achse ein „pariserisches" Viertel mit gemischten Aktivitäten, Büros und Wohnungen entstehen zu lassen; ein großes Programm mit ebenso umfangreichen Büroflächen wie im Stadtteil La Défense.

Jean Nouvel hatte das Projekt Haussmannscher Art mit einer den Trabantenstädten vergleichbaren Anordnung heftig kritisiert, denn es ignorierte die Besonderheiten der Gegend, ihren eigentlichen Wert und ihre Bauwerke: Der Abbruch der Tolbiac-Brücke ist ein Teil dieser traurigen Umwandlung.

Als Jean Nouvel dann dazu aufgefordert wurde, an einem eingeschränkten Wettbewerb für die

The urban reorganisation of eastern Paris inspired a development plan for a vast zone stretching from Austerlitz railway station to the outer boulevards; new building sites will be created thanks to the deck which is to cover the railtrack. Property developers wanted a large avenue to be hewn out between the station and Boulevard Masséna and proposed to build a new "Parisian" quarter – offices, housing, mixed activities – on either side of the new axis: a vast programme aiming at the creation, for instance, of new office capacity comparable to that of the La Défense quarter.

Jean Nouvel had roundly criticised the project with its Haussmannian overtones revamped in a "new town" approach, the fact that it ignored the specific nature of the site, its intrinsic qualities and existing monuments: the proposed demolition of Tolbiac Bridge offering a dismal foretaste.

Invited to participate in a limited competition concerning the immediate vicinity of Austerlitz station and the Salpêtrière hospital, Nouvel

Créer les conditions optimales de développement en tirant parti des spécificités du site : proximité du fleuve, présence de monuments banals (les Moulins) ou nobles (la Salpêtrière) et création autour de la Grande Bibliothèque d'un vaste parc.

Optimale Bedingungen für die Entwicklung schaffen und die Besonderheiten der Gegend vorteilhaft nutzen: die Nähe zum Fluß, Vorhandensein banaler Denkmäler (Les Moulins) oder edler (La Salpêtrière) und die Anlage eines ausgedehnten, die Grande Bibliothèque umgebenden Parks.

Creating ideal development conditions by taking advantage of the site's specific features: the proximity of the river, the presence of majectic (Salpêtrière Hospital) and mundane (the Flour Mills) monuments; and the creation of extensive gardens around the Grande Bibliothèque (French National Library).

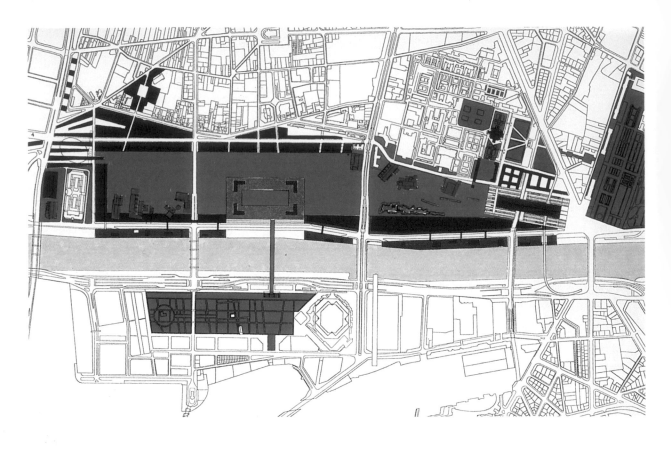

réflexion à l'ensemble du site et soumis une contre-proposition réaliste et acceptant l'hypothèse de la dalle.

Pour Nouvel, les qualités primordiales du site sont bien identifiées : la présence du fleuve et des entrepôts qui le surplombent, les petits et grands monuments, comme la gare, le métro aérien, la Bibliothèque de France, les Grands Moulins, le pont de Tolbiac ainsi que les voisinages divers du quartier populaire, de Tolbiac à la Salpêtrière.

Pour donner au projet les meilleures chances de réussite, Nouvel proposait de créer autour de la bibliothèque un vaste parc effaçant une partie de la dalle et générant la situation urbaine la plus enviable (y compris pour les promoteurs) : la majorité des habitations, bureaux et activités disposeraient ainsi de vues privilégiées soit sur le fleuve, soit sur un paysage naturel. Puis chaque lieu particulier du site serait traité de manière spécifique : le voisinage de la Salpêtrière avec la discrétion qui convient à ce bel ensemble classique, les abords de la future station Météor développés en zone de

Planung der unmittelbaren Umgebung des Austerlitz-Bahnhofs und des Krankenhauskomplexes Salpêtrière teilzunehmen, kehrte sein militanter Schwung zurück. Er bezog das gesamte Gebiet ein und machte, indem er die Hypothese der Überdachung akzeptierte, einen realistischen Gegenvorschlag.

Für Nouvel sind die wichtigsten Vorzüge des Geländes klar erkennbar: die Nähe der Seine und die sie überragenden Lagerhäuser, die großen und kleinen Denkmäler wie der Bahnhof, die Hochbahn (Métro aérien), die Bibliothèque de France, die Grands Moulins, die Tolbiac-Brücke wie auch das angrenzende populäre Stadtviertel zwischen Tolbiac und Salpêtrière.

Um dem Projekt die besten Erfolgschancen zu geben, machte Nouvel den Vorschlag, die Bibliothek mit einem großen Park zu umgeben, was einen Teil der Gleisdecke unsichtbar und diese Gegend (auch für die Bauherren) zu einer beneidenswerten Lage machen würde: Die meisten Wohnungen, Büros und anderen Gebäude hätten so einen Blick entweder auf den Fluß oder die

rediscovered the militant ardour of his younger days. He extended his analysis to the entire site and submitted a realistic counterproposal which accepted the idea of a deck.

In his view, the primordial qualities of the site are clearly identifiable: the presence of the river and the quayside warehouses which overlook it, the major and minor monuments such as the station, the elevated Metro line, the French Library, the former Grands Moulins flour mill and Tolbiac bridge, as well as the working-class neighbourhoods lying between Tolbiac and the Saltpêtrière. Nouvel's proposal to lay out around the library a vast park which would partly conceal the deck and create ideal urban conditions (for the property developers included) offered an optimal chance of success for the project as most of the housing, offices and mixed activities would command fine views either out over the river or onto a natural landscape. Each particular location in the site would receive specific treatment: a discreet approach in

commerces brillants et colorés, le quartier Masséna densifié et tourné vers la périphérie proche, les abords de la gare marqués par la vitalité du trafic ferroviaire, les entrepôts du bord de Seine accueillant hôtels, restaurants et cafés les pieds dans l'eau… De gros châteaux d'immeubles de bureau, implantés de manière aléatoire, feraient écho aux Grands Moulins.

Pour fabriquer du Paris, Nouvel s'appuyait sur la véritable tradition de la capitale : celle d'une « modernité absolue » qui a inventé la ville à chaque époque de son histoire avec l'audace de l'esprit du temps.

Grünanlagen. Ferner sollte jeder zum Ganzen gehörende Bestandteil individuell behandelt werden: die Nachbarschaft des schönen klassischen Krankenhauskomplexes mit gebührender Diskretion, die Umgebung der zukünftigen Météor-Station als glänzendes und buntes Geschäftszentrum, der Stadtteil Masséna verdichtet und der nahen Peripherie zugewandt, der Umkreis des Bahnhofs von der Vitalität des Eisenbahnverkehrs gekennzeichnet, die Lagerhäuser am Seine-Ufer umgestellt zu Hotels, Restaurants und Cafés direkt am Wasser… Massive Bürogebäude mit ungewöhnlicher Lage würden ein Echo zu den Grands Moulins darstellen.

Um einen Teil von Paris zu „fabrizieren", stützte Nouvel sich auf echte Traditionen der Hauptstadt: die einer „absoluten Modernität", die die Stadt in jeder Epoche ihrer Geschichte zu schaffen wußte – mit der Kühnheit und dem Geist der Zeit.

the vicinity of the Saltpêtrière as befitting such a fine classical ensemble; the area surrounding the future Météor high speed metro station developed as a bright, colourful commercial zone; the Masséna quarter consolidated and linked to neighbouring suburbs; the station area highlighted by its busy railway traffic; and the former quayside warehouses incorporating riverbank hotels, restaurants and cafes etc. Randomly-sited large office complexes would stud the waterfront, echoing the Grand Moulins mill.

Nouvel's vision of Paris was based on the authentic tradition of the capital, that of an "resolute modernity" that has reinvented the city at each stage in its history with contemporary audacity.

Mettre en valeur les entrepôts existant sur le fleuve.

Die am Fluß gelegenen Lagerhäuser werden zur Geltung gebracht.

Highlighting the existing riverfront warehouses.

Saint-Denis, France

Quartier du Cornillon et Grand Stade
Viertel Le Cornillon und Großes Stadion
The Le Cornillon Quarter and the Grand Stadium

Les façades du stade présentent les images géantes des héros du sport, à peine voilées par la maille métallique.

An den Fassaden des Stadions gigantische, vom Metallgewebe kaum verhüllte Bilder der Helden des Sports.

On the stadium facades, gigantic images of sporting heros are displayed behind a diaphanous chainlink veil.

Un véritable quartier autour d'un grand équipement (à gauche).

Ein echtes Stadtviertel in unmittelbarer Nähe einer großen Anlage (links).

A veritable neighbourhood surrounding a major facility (left);

Suite à la décision – politique et contestable – de confier à d'autres la réalisation d'un stade pour la Coupe du monde de Football en 1998, une part des regrets concernera le renoncement à l'équipement innovant, performant et unique que proposaient Nouvel et ses partenaires de Dragage. L'autre part, et non la moindre, touche les aspects urbains du projet. Nouvel l'avait déclaré d'emblée : il ne bâtirait pas un autre saladier géant au milieu d'un no man's land, un quartier fantomatique dont le monstre ne serait que le gardien. L'enjeu était bien celui de concevoir un stade qui dynamiserait un quartier sans lui porter préjudice, qui le ferait bénéficier de son aura, même tous feux éteints.

Situé entre le centre de la ville et sa basilique au nord et la Plaine morne, avec laquelle il partage le sort des friches industrielles, au sud, le Cornillon est coupé d'elles par les autoroutes A1 et A86 au sud et à l'ouest et la courbe du canal au nord-est. Le premier souci de Nouvel a donc été de créer ou renforcer les connexions avec le voisi-

Infolge der – politischen und anfechtbaren – Entscheidung, anderen den Bau des Stadions für die Fußballweltmeisterschaft von 1998 zu übergeben, bedauert man einerseits, daß auf die innovierenden, leistungsfähigen und einzigartigen Ausstattungen verzichtet wurde, die Nouvel und seine Partner von Dragage vorgeschlagen hatten. Der zweite Punkt, der ebenfalls von Bedeutung ist, betrifft die städtebaulichen Aspekte des Projekts. Nouvel hatte von vornherein erklärt, daß er kein weiteres gigantisches „Salatschüssel"-Stadion inmitten eines no man's land, einer Geisterstadt, bauen würde, deren einziger Bewohner der Wärter wäre. Es galt, ein Stadion zu konzipieren, das ein Stadtviertel dynamisieren, ihm keine Nachteile, sondern auch bei erloschenen Lichtern Vorteile bringen würde. Zwischen dem Zentrum von Saint Denis und der Basilika im Norden der trüben Plaine mit industriellem „Brachland" gelegen, ist Le Cornillon im Süden von diesem durch die Autobahnen A 1 und A 86 und durch die Schleife des Kanals im Nordosten getrennt. Nouvels

Following the political – and questionable – decision to commission another design team with the building of a stadium to host the 1998 football World Cup, one aspect of the subsequent regrets expressed concerned the relinquishment of the unique, innovative, high-performance facilities proposed by Nouvel and his partners Dragage. The other, by no means lesser, aspect involved the rejected project's urban features. Nouvel had stated from the outset his refusal to build a gigantic salad bowl in the middle of a no-man's-land, some ghostly quarter haunted only by a caretaker. The challenge was to design a stadium that would would invigorate the quarter without detriment, that would bathe it in its aura even when not actually hosting events. Located between Saint-Denis city centre and basilica to the north, and dreary La Plaine with which it shares derelict industrial sites to the south, Le Cornillon is cut off from both by the A1 and A86 motorways to the south and west, and by the bend in the canal to the north east.

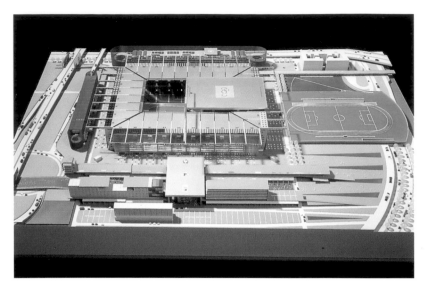 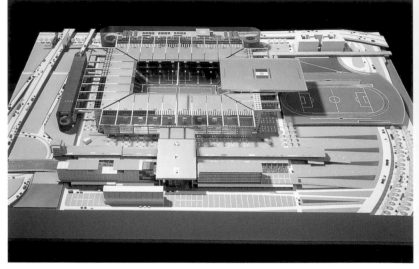

nage. En plaçant le stade dans l'angle sud-ouest du terrain bien protégé par des parkings en superstructure et prolongé au nord par un stade d'entraînement s'achevant en belvédère sur le canal, il ménageait un vaste terrain libre et dessinait une stratégie du bon sens où les activités directement liées au stade s'exerceraient au plus près et où d'autres plus quotidiennes iraient s'établir vers le canal à l'est : concrètement, une place couverte et équipée d'écrans géants permettait une re-vision de l'événement ou une diffusion en différé d'une autre rencontre sportive ainsi que des spectacles couverts et ouverts ; des hôtels, restaurants et grandes surfaces vouées aux équipements de sport occupaient la frange immédiatement voisine ; un complexe de cinémas, puis des activités plus locales, des commerces de proximité, des bureaux précédaient la frange la plus privée vouée aux logements et proche du canal. Les surfaces de parkings, bien trop généreuses en l'absence d'événement sportif, étaient plantées, délimitées et vouées aux sports collectifs ne nécessitant que

Hauptanliegen war es somit, Verbindungen zur Umgebung herzustellen oder zu verstärken. Indem das Stadion südwestlich angelegt und durch das Parkhochhaus geschützt und im Norden durch ein Trainingsstadion verlängert wurde, das mit einem Aussichtsturm über dem Kanal abschließt, bebaute er eine große, freie Fläche und entschied sich für eine Strategie des gesunden Menschenverstandes, bei der die direkt mit dem Stadion verbundenen Aktivitäten nahebei lägen, die alltäglicheren aber nach Osten hin in Richtung Kanal: konkret also ein bedeckter Platz mit Riesenbildschirmen, der die „Re-vision" eines Ereignisses oder die Aufzeichnung einer anderen sportlichen Begebenheit unter einem Dach oder unter freiem Himmel ermöglichte; Hotels, Restaurants und Supermärkte für Sportausrüstungen nahmen den direkt dahinter gelegenen Bereich ein; ein Kinokomplex, lokale Aktivitäten, Geschäfte und Büros waren vor dem Wohnbereich in unmittelbarer Nähe des Kanals geplant. Die außerhalb von sport-

Nouvel's first concern was therefore to establish or strengthen links with neighbouring areas. By siting the stadium in the south west corner, well protected by multi-storey carparks and extended to the north by a training stadium leading to a belvedere overlooking the canal, he carefully handled a vast site, drawing up an intelligent strategy whereby activities directly related to the stadium would take place in its immediate vicinity, whereas other activities would be directed towards the canal in the east. A covered square equipped with giant video screens would relay stadium events or retransmit other sporting events, and indoor or outdoor entertainment; the immediate vicinity would accommodate hotels, restaurants and sports equipment super-markets; farther away, a cinema complex would be provided, together with more local amenities, shops and offices; finally, near the canal, the most "private" zone would be given over to housing. The carpark areas, much too large in periods when no events were scheduled, were to be

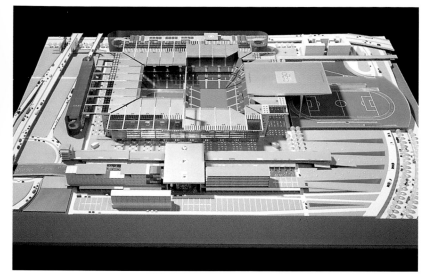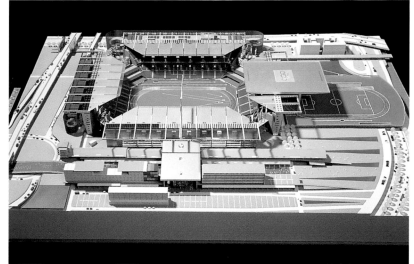

de frustes équipements : football de rue, basket-ball, volley-ball, roller-skate... Avec un équipement révolutionnaire : tribunes glissant sur patins de Téflon pour répondre aux meilleures conditions de spectacle à la fois pour le football et le rugby, l'athlétisme et les spectacles populaires, façades tendues de cotte de mailles révélant les images géantes des héros du temps, le stade se posait en génie débonnaire veillant aux destinées d'une jeunesse inquiète qui se reconnaît dans l'énergie exprimée par le sport et la musique.

lichen Begegnungen viel zu großen Parkplatz-Flächen waren bepflanzt und für jene Sportarten wie Straßen-Fußball, Basketball, Volleyball, Rollerskate, usw. vorgesehen, die quasi keine Einrichtungen verlangen. Revolutionär waren die geplanten Tribünen mit Teflon-Gleitlager, um so den jeweiligen Anforderungen für Fußball oder Rugby, Leichtathletik oder populäre Veranstaltungen gerecht zu werden, wie auch die Vorhangfassaden mit Metallgewebe und den Bildern der Helden unserer Zeit: Das Stadion zeigte sich nachsichtig und wachend über das Schicksal einer unruhigen Jugend, die sich mit jener Energie identifiziert, die durch Sport und Musik zum Ausdruck gebracht wird.

covered in vegetation, cleary delimited, and designed to cater for team sports requiring only limited facilities: street football, basketball, volley-ball, roller-skating etc. The stadium itself boasted ultra-modern features: sliding stand seats on Teflon runners to provide ideal spectator conditions for football, rugby, athletics, and popular shows, facades hung with chain link featuring giant images of sporting heroes. It conveyed the image of some kindly guardian spirit watching over the destiny of a restless young generation itself finding energetic expression through sport and music.

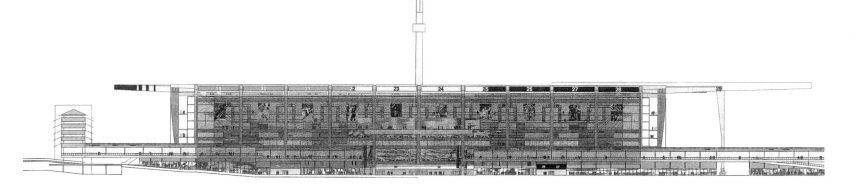

Un quartier animé et haut en couleur
même en l'absence de match ou
d'événement.

Ein auch dann belebter und bunter
Stadtteil, wenn weder Spiele noch
Veranstaltungen stattfinden.

A lively, colourful neighbourhood
even when no major events
are being hosted.

Parkings aux façades végétales.

Parkhaüser, Pflanzenfassaden.

Carparks, plant-covered facades.

Loin de Rueil
Fern von zu Hause
Far from Home

Le poids de la matérialité est archaïque :
il faut s'en affranchir.

Das Gewicht der Materialität ist archaisch:
Davon muß man sich befreien.

The weight of materiality is a thing of the past:
we must break free from it.

L'architecture est un art lent. Les délais de conception, d'étude et de réalisation en demeurent impitoyables. Elle est aussi soumise aux aléas de l'économie et aux caprices des hommes. L'architecture n'est pas un dîner de gala. Après des années 80 rugissantes, l'activité de Nouvel s'est faite plus sereine, sinon plus stable. Il faudra patienter pour voir s'achever de nouveaux édifices, certains pourtant déjà sur la planche dès l'orée de la décennie. La plupart seront bâtis à l'étranger. Nul n'est prophète en son pays, dit la sagesse populaire. La pratique de Nouvel s'est faite internationale, par hasard et par nécessité. En France, les chantiers du palais de justice de Nantes et d'une petite maison de retraite dans la banlieue parisienne, à Rueil, sont sur le point de s'ouvrir. C'est tout. Ce serait peu si l'architecte ne s'activait à Lucerne, à Bregenz, à Francfort, à Vienne... Les frontières du travail de Nouvel se sont élargies ; les esquisses en cours à l'agence ont pour toile de fond l'Extrême-Orient ; ce frottement à des cultures lointaines ne peut manquer de raviver la curiosité et le regard de l'architecte.

Nouvel goûte sa jeune maturité. Il a touché à tous les domaines : le logement, l'école, la santé, l'usine, la culture, le bureau... À quoi rêve un architecte de la fin du XXe siècle ? Quels défis réservés aux plus forts songe-t-il à relever ? Pour Nouvel, depuis un certain soir de 1989 où on le désignait comme lauréat du concours du

Architektur ist eine langsame Kunst. Der Zeitplan für den Entwurf, die Vorarbeit und die Durchführung ist unerbittlich. Auch hängt sie von den Ungewißheiten der Wirtschaft und den Launen der Menschen ab. Die Architektur ist kein Gala-Dinner. Seit dem Ende der bewegten achtziger Jahre haben sich die Aktivitäten Nouvels beruhigt, sind beständiger geworden. Auf die Fertigstellung neuer Bauten, von denen einige bereits zu Beginn dieses Jahrzehnts auf dem Reißbrett entstanden, muß noch etwas gewartet werden. Die meisten werden im Ausland errichtet. Der Prophet gilt nichts im eigenen Land, wie es im Volksmund heißt. Nouvel arbeitet international, aus Zufall und auch aus Notwendigkeit. In Frankreich werden in Kürze der Justizpalast von Nantes und ein kleines Altenheim im Pariser Vorort Rueil eröffnet. Das ist alles. Es wäre wenig, wäre der Architekt nicht in Luzern, in Bregenz, in Frankfurt und in Wien aktiv geworden. Die Grenzen von Nouvels Arbeit haben sich geweitet; die derzeit in seinem Büro vorgenommenen Entwürfe beschäftigen sich mit dem Fernen Osten; diese Annäherung an ferne Kulturen vermag den Wissensdurst und den Blick des Architekten nur neu zu beleben.

Nouvel genießt seine junge Reife. Beschäftigt hat er sich bereits mit allen Bereichen: Wohnung, Gesundheit, Schule, Fabrik, Kultur, Büro. Wovon träumt ein Architekt des

Architecture is a slow-paced art, with ruthless design and construction deadlines. It is also subject to the vagaries of the economy and human whim. Architecture is no picnic. Following the hectic 1980s, Nouvel's activities entered a calmer, if not stabler phase. The completion of new projects, some of which were on the drawing board from the early 90s, required patient waiting. The majority of these projects were built abroad. As the popular adage has it: no man is a prophet in his own country. Nouvel's practice became international, both by chance and out of necessity. In France, works were about to commence on the Nantes Law Centre and a small project for retirement home at Rueil in the Paris suburbs. And that was all. A meagre showing had not the architect been active in Luzern, Bregenz, Frankfurt, Vienna and other places. The geographical scope of Nouvel's activities has widened: the agency's current work involves design projects in the Far East; such contact with distant cultures acts as an inevitable spur to the architect's curiosity and vision.

Nouvel is savouring the prime of his maturity. He has tried his hand in all fields: housing, health, schools, factories, cultural facilities, offices etc. What dreams inspire a late 20th-century architect? Which of those challenges reserved for the most stalwart does he crave to take on? For Nouvel, from that day in 1989 when he won the Triangle de la Folie competition, the answer

 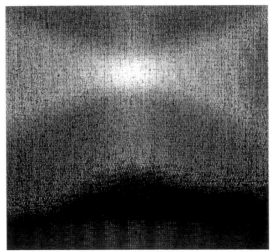 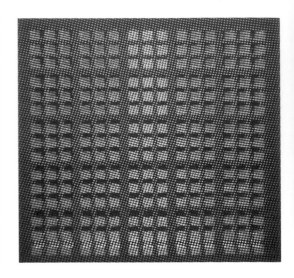

Triangle de la Folie, c'est clair : le ciel est la limite. Il brûle, ce n'est pas un secret, de bâtir un gratte-ciel.

Pas n'importe lequel. La Tour sans Fins, conçue pour ce lieu particulier qu'est La Défense, marquait, après celles de Sir Norman Foster, la rupture avec la tradition américaine des tours à noyau central (et à l'éclairement pauvre). Prête à être bâtie, la Tour sans Fins attend encore une éclaircie dans le marché du bureau. Nouvel, lui, poursuit ses recherches et affine ses concepts pour le gratte-ciel élancé, lumineux et cristallin, dont il se sait capable.

« C'est l'essence même de l'architecture, disait-il un jour, que de sortir de ses limites. » ∎

ausgehenden 20. Jahrhunderts? Welche Herausforderung an die Besten will er annehmen? Seit einem bestimmten Abend des Jahres 1989, als er den Wettbewerb des „Triangle de la Folie" gewann, ist für Nouvel folgendes klar: Die Grenze ist der Himmel. Er brennt darauf, und das ist kein Geheimnis, einen Wolkenkratzer zu bauen.

Nicht irgendeinen. Der Turm ohne Ende, für die Pariser Défense entworfen, kennzeichnete nach Sir Norman Foster den Bruch mit der amerikanischen Tradition der Türme mit zentralem Erschließungskern (und mit schwachem Lichteinfall). Bereit, gebaut zu werden, wartet der Turm ohne Ende auf einen Lichtblick auf dem Bürobaumarkt. Nouvel aber setzt seine Recherchen fort und feilt an seinen Konzepten für den hoch aufgeschossenen, hellen, kristallenen Wolkenkratzer, den er zu bauen fähig ist. „Das Wesen der Architektur selbst ist", wie er eines Tages sagte, „ihre Grenzen zu überschreiten." ☐

has been clear: the sky's the limit. His unconcealed, burning desire is to build a skyscraper.

Not any skyscraper. Following Sir Norman Foster's projects, the Endless Tower – designed specifically for the peculiar context of the La Défense quarter – signalled a break with the American tradition of centrally-cored (and poorly lit) towers. Ready to be built, the Endless Tower is still awaiting an upswing in the market for office capacity. Meanwhile, Nouvel is pursuing his research and honing his designs for the slender, shining, crystalline skyscaper he knows he can build. As he once said: "It is the very essence of architecture to escape from its own limits." ∎

L'usine dans les champs : toitures et
façades aux couleurs de bonbons
anglais au milieux des cultures
(page précédente).

Die Fabrik zwischen den Feldern:
Bonbonfarbene Bedachung und
Fassaden inmitten des Ackers
(vorhergehende Seite).

A factory in the fields: fruit drop-
coloured roofs and facades amidst the
crops (overleaf).

Recherches sur la lumière,
trames et filtres.

Studien über licht, Raster, Filter.

Exploring light effects, grids, filters.

L'usage de la photographie à échelle
urbaine pour un projet de centre de
sports et de spectacles à Tokyo.

Die Verwendung der Fotografie im
Städtebau für das Projekt eines Sport-
und Aufführungszentrums in Tokio.

The use of photography on an urban
scale in a project for a Tokyo
entertainment and sports centre.

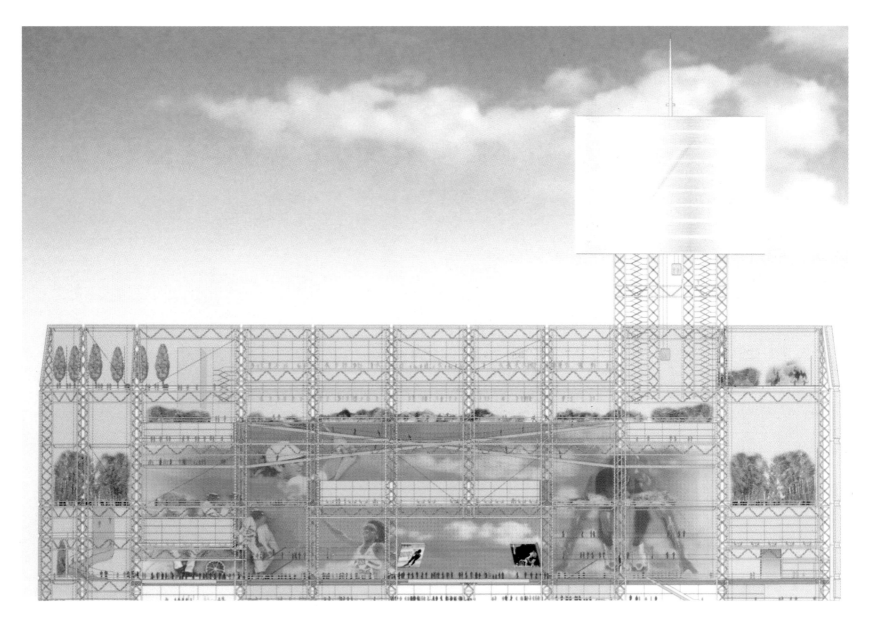

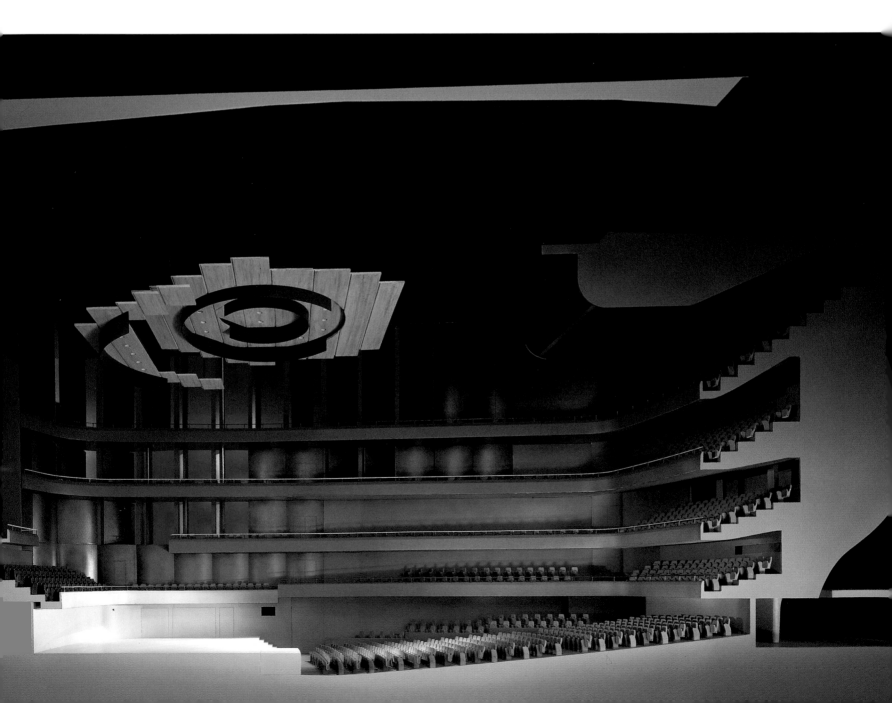

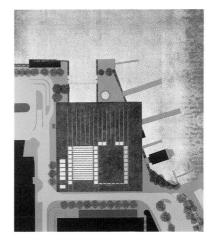

Luzern, Schweiz

Centre de musique et de congrès
Musik- und Kongreßzentrum
Music and Conference Centre

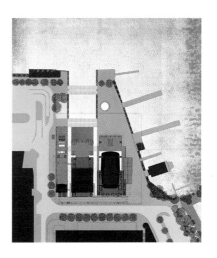

Trois salles de musique et de
spectacle rangées sous
un immense auvent comme
dans un hangar à bateaux.
La salle principale et ses ambiances
colorées (en bas, à gauche).

Drei Musik- und Aufführungssäle unter
einem immensen Schutzdach - wie
in einer Schiffshalle.
Der große Saal und sein farbiges
Ambiente (links unten).

Three auditoria aligned, as if in a boat
house, under a vast canopy.
The main auditorium with its colourful
atmosphere (below, left).

Un concours gagné, un projet per-
du, puis retrouvé et modifié, une
votation, le centre de musique et de
congrès de Lucerne aura connu
bien des péripéties avant même sa
mise en chantier. L'enjeu n'est pas
mince : remplacer la salle de
concert d'un des festivals les plus
courus d'Europe et lui adjoindre des
salles de spectacle et de congrès
ainsi qu'un musée d'art contemporain. Ici encore, après l'Opéra de
Lyon, l'Institut du monde arabe et la
fondation Cartier, Nouvel bénéficie
d'une chance insolente. Dans la ville
favorite de Walt Disney, il dispose
d'un terrain de rêve : à deux pas du
vieux pont de bois et avec la gare
ferroviaire et les montagnes comme
toile de fond, le bord du lac se
détache en un léger cap et fait du
site une avant-scène de théâtre.
Dans un premier projet, Nouvel avait
poussé une proue au-dessus du lac
afin d'y installer la salle principale.
Puis, un nouveau règlement venant
à le lui interdire, il a usé d'une métaphore nautique plus modeste en ran-
geant sous un auvent de belle taille
et dans un porte-à-faux spectaculaire
– une « aile », a dit l'architecte dans

Einen Wettbewerb gewonnen, ein
Projekt erst verloren, dann wieder-
erlangt und modifiziert, eine Volks-
abstimmung – das Musik- und
Kongreßzentrum von Luzern mußte
noch vor dem Beginn der Bau-
arbeiten mit zahlreichen Um-
schwüngen fertig werden. Die
Aufgabe war nicht leicht: den
Konzertsaal zu erneuern und ihm
Aufführungs- und Kongreßsäle
hinzuzufügen wie auch ein Museum
zeitgenössischer Kunst. Wie bei der
Oper von Lyon, dem Institut du
monde arabe und der Cartier-
Stiftung wird Nouvel auch hier eine
außergewöhnliche Chance geboten.
In Walt Disneys Lieblingsstadt
verfügt er über ein Traumgelände:
ein paar Schritte von der alten
Holzbrücke entfernt tritt der See in
leicht spitzer Form hervor und
macht aus dem Gelände eine
regelrechte Vorbühne. Beim ersten
Entwurf hob Nouvel einen Schiffs-
bug aus dem See heraus, um dort
den großen Saal unterzubringen.
Als ihm dies dann aber eine neue
Bestimmung verbot, nutzte er eine
bescheidenere nautische Metapher,
indem er unter einem großen

Even before works commenced,
the Luzern Music and Conference
Centre experienced a series of
ups and downs: a winning competition submission, the project abandoned, then retrieved and modified,
followed by a popular referendum.
It was no mean challenge to
provide a new concert hall, together
with auditoria, conference facilities
and a contemporary art museum for
one of the most popular festivals in
Europe. Once again, as in the case
of Lyons Opera House, the Arab
World Institute and the Cartier
Foundation building, Nouvel enjoyed a stroke of sheer luck. In Walt
Disney's favourite city he disposed
of an ideal site: a stone's throw
from the old wooden bridge, with
the railway station and mountains
as backdrop, the lakeside juts out in
a slight promontory, turning the site
into a natural proscenium. In an
initial design, Nouvel had envisaged
installing the main hall in a prow
extending out over the lake. When
this fell foul of planning regulations,
he opted for a less ambitious nautical
metaphor, that of a boat-house,
housing the various elements of the

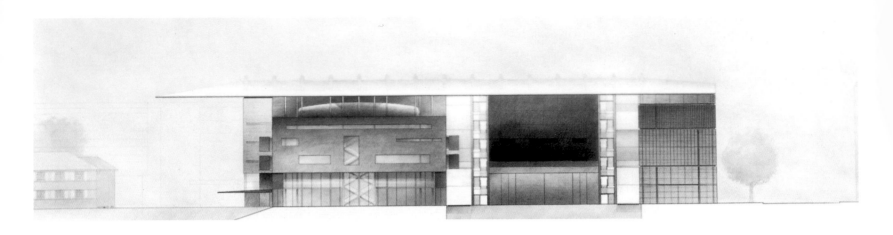

La façade ouest et ses jeux
de matière et de lumière.
Une aile sur le lac, comme un
immense hangar à bateaux.

Die Westfassade und ihr Spiel
mit der Materie und dem Licht.
Ein Flügel oberhalb des Sees - wie
eine riesige Schiffshalle.

The west facade with its interplay
of material and light.
A wing over the lake, resembling
a huge boat house.

un accès de lyrisme – les éléments du programme comme sous un hangar à bateaux. Les trois théâtres s'y alignent sagement comme autant d'objets spécifiques : la grande salle à la coque de bois teinte aubergine, la salle moyenne de béton incrusté de métal et la petite, revêtue d'aluminium moulé. Le musée se déploie sous la toiture et reçoit un éclairage zénithal naturel bien tempéré. Dans le grand hall aux limites indécises, les eaux du lac viennent faire danser leurs reflets sur le plafond d'aluminium lisse.

Schutzdach mit spektakulärer Auskragung – einem „Flügel", wie der Architekt ihn in einer lyrischen Anwandlung nannte – das Raumprogramm wie in einer Schiffshalle unterbringt. Die drei Theater sind hier brav aneinander gereiht: der große Saal mit einem Rumpf aus auberginefarbenem Holz, der mittlere Saal aus Beton mit eingelassenem Metall und der kleine mit Aluminiumverkleidung. Das Museum liegt unter dem Dach und erhält natürliches, zenitales Licht. In der großen, undeutlich abgegrenzten Halle lassen die Gewässer des Sees an der glatten Aluminiumdecke ihre Reflexe tanzen.

programme under a spectacularly large cantilevered canopy – a "wing", in the architect's own lyrical description. There, the three auditoria are carefully aligned, each a specific object: the large hall with its aubergine-coloured wooden shell, the medium-size hall treated in metal-incrusted concrete, and the small hall clad in moulded aluminium. The museum is installed under the roofspace and features well-tempered natural toplighting. In the large hall, with its indeterminate limits, the smooth aluminium ceiling reflects the dancing waters of the lake.

Nantes, France

Cité judiciaire
Justizkomplex
Law Centre

Dans le souci de se faire plus accueillante au citoyen, la justice française renonce peu à peu à ses pompes, palais et temples romains revus par le XIXᵉ siècle finissant. Une nouvelle génération d'établissements rebaptisés « cités » judiciaires rassemble dans les régions tribunaux et administrations.

En réponse à la dignité et l'austérité du programme, l'architecte a conçu un édifice d'une rigueur classique qui dans sa façade équilibrée et rythmée par de minces poteaux rappelle la Galerie nationale de Mies Van der Rohe à Berlin. Là s'arrête la comparaison. Dans sa discrétion apparente, la cité judiciaire présente tous les signes d'allégement que permet aujourd'hui la technique – structure légère et larges pans de verre – et tous les raffinements d'un vocabulaire formel qui décline trames et grilles, transparences et réflexions. La pierre polie et le granit, le métal et le verre, conjugués au bois sombre des salles d'audience, participent d'une esthétique mesurée et austère qui sied à l'esprit du lieu.

Im Anliegen, auf den Bürger freundlich zu wirken, gibt die französische Justiz nach und nach Pomp, Paläste und Tempel jenes romanischen Stils auf, der auf das späte 19. Jahrhundert zurückgeht. Neue Gebäude, Justiz-„Cités" getauft, legen in den französischen Regionen Gerichte und Verwaltungen zusammen. Als Antwort auf die Würde und die Nüchternheit des Programms entwarf Nouvel ein Gebäude von klassischer Strenge, das in seiner ausgeglichenen, durch schlanke Säulen gegliederte Fassade an die Berliner Nationalgalerie von Mies van der Rohe erinnert. Aber da hört der Vergleich bereits auf. In seiner offensichtlichen Diskretion umfaßt der Justizkomplex all die Entlastungen, die die heutige Technik ermöglicht (leichte Struktur und breite Glaswände) wie auch das Raffinement der Formensprache, die Raster, Transparenzen und Reflexionen abwandelt. Geschliffener Stein und Granit, Metall und Glas, verbunden mit dem dunklen Holz der Gerichtssäle sind Teil einer maßvollen und strengen Ästhetik, die dem Geist des Ortes entspricht.

Aiming to make itself more accessible to the ordinary citizen, the French judicial system is gradually shedding its pomp, palaces and late 19th-century reinterpretations of Roman temples. A new generation of regional establish-ments known as "Law Centres" now jointly accommodate law courts and administrative offices. Responding to the dignity and austerity of the programme, the architect has designed a building of classical rigour which, with its balanced facade and slim, rhythmical columns, recalls Mies Van der Rohe's Berlin National Gallery. There the comparison ends. In its apparent discretion, the Law Centre reveals all the signs of lightness made possible by present-day techniques – lightweight structure, large glazed wall sections – and all the refinements of a formal vocabulary with its grids, transparencies and reflections. The polished stone and granite, metal, and glass combine with the dark woodwork of the courtrooms to create an austere, restrained aesthetic appropriate to the *genius loci*.

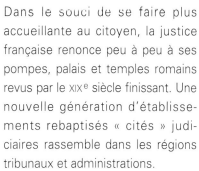

Rigueur de la structure et clarté du lieu : un édifice quasi classique. La salle des pas perdus atteste de la dignité et de la retenue qui conviennent au lieu (pages suivantes).

Strenge der Struktur und Präzision des Ortes: ein quasi klassisches Gebäude. Der Wandelgang entspricht der Würde und Zurückhaltung dieses Ortes (folgende Seiten).

Rigorous structure and a bright, luminous environment: a quasi-classical edifice. The public waiting-room displays fitting dignity and restraint (following pages).

Paris, France

Tour sans Fins
Turm ohne Ende
Endless Tower

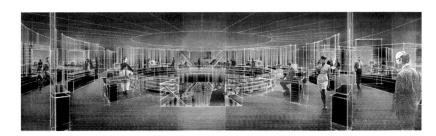

Un ambitieux programme de bureaux sur le bien nommé « Triangle de la Folie » à la Défense, étranglé entre une dalle, un cimetière, un boulevard périphérique et des voies ferrées, imposaient les conditions rudes du concours lancé en 1989. Nouvel les a fait oublier avec son audacieux projet d'une tour « métaphysique » qui surgirait d'un cratère pour aller se perdre dans les cieux. Lauréats sans conteste de l'épreuve, Nouvel et Ibos, son partenaire d'alors, inventaient le contrepoint aux deux monuments du lieu : le CNIT et sa voûte héroïque de voile de béton et l'Arche du Danois Spreckelsen, qui avait lui-même imaginé un minaret pour voisin de son œuvre. La tour cylindrique de 42 mètres de diamètre et de plus de 400 mètres de haut présente un élancement record. Sa configuration aux circulations rejetées à la périphérie et à la structure cylindrique de béton percé dans sa partie inférieure et d'acier en croix épousant la courbe de la surface dans sa partie haute dégage de vastes plateaux libres. Des fenêtres sur douze niveaux assorties de miroirs convexes éclairent

Ein ehrgeiziges Bürobauprogramm an jener Stelle der Défense, die den wohlverdienten Namen „Triangle de la Folie" trägt und eingekeilt ist zwischen einer Freifläche, einem Friedhof, einer Umgehungsstraße und Eisenbahnschienen. Das waren die harten Bedingungen des 1989 ausgeschriebenen Wettbewerbs. Nouvel ließ sie vergessen mit seinem kühnen Projekt eines „metaphysischen" Turms, der aus einem Krater hervortreten soll, um sich im Himmel zu verlieren. Die unbestreitbaren Gewinner Nouvel und sein damaliger Partner Ibos erfanden den Kontrapunkt zu den beiden Monumenten dieses Ortes: dem CNIT und seinem heroischen Gewölbe aus einer Betonschale und der Arche des Dänen Spreckelsen, der sich ein Minarett als Nachbar seines Werkes gut vorstellen konnte. Der zylindrische Turm mit einem Durchmesser von 42 Metern und einer Höhe von über 400 Metern stellt einen Rekord dar. Seine Konfiguration mit den an der Peripherie angebrachten Verkehrsflächen und der zylindrischen Struktur aus gelochtem Beton im

An ambitious programme for offices on the appropriately named "Triangle de la Folie" ("Triangle of Madness") site at La Défense, a site hemmed in between a concrete deck, a cemetry, an urban ringroad, and railway lines, imposed stringent conditions on the competition launched in 1989. Nouvel brushed them all aside with his audacious project for a "metaphysical" tower which would soar out of a crater and vanish into the skies. Undisputed winners of the competition, Nouvel and Ibos, his partner at the time, invented a counterpoint to the two existing monuments at La Défense – the CNIT building with its heroic concrete-shell vault and the grand Arch by the Dane Spreckelsen, who had himself envisaged a minaret to stand alongside his work. The 136-foot diameter and over 1300-foot high cylindrical tower is a record-breaking feat. Its configuration – outlying circulation corridors, a pierced concrete cylindrical structure below and a structure of criss-crossing steel hugging the curving surface above – liberates vast, disencumbered

Une performance qui s'inscrit dans la lignée du CNIT et de l'Arche.

Eine mit dem CNIT und der Arche engverbundene Leistung.

An architectural feat in keeping with the CNIT building and the grand Arch.

189

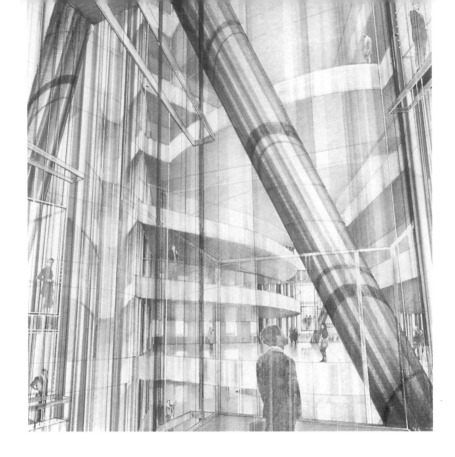

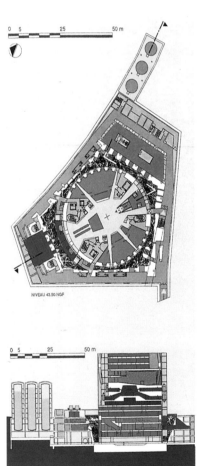

Sur un site étroit et encaissé,
l'évidence de la verticalité.

Bei einem eingeengten Gelände wird
die Vertikalrichtung zur Evidenz.

Obvious verticality in a narrow,
hemmed-in site.

de lumière naturelle jusqu'au cœur du bâtiment. La façade, d'abord dense de son granit sombre aux abords du cratère, s'allège au fur et à mesure de l'ascension pour faire place au verre dans un dégradé de plus en plus réfléchissant, d'où l'illusion de sa disparition dans les nuages.

Destinée sans équivoque à un marché de prestige, la Tour sans Fins demeure dans l'attente d'une embellie du marché de l'immobilier de bureaux : études achevées, appels d'offres effectués, principales entreprises choisies, il ne lui manque que le regain d'optimisme nécessaire pour ne pas achever sa carrière dans la collection des belles icônes regrettées du siècle.

Car au-delà de son élancement unique et de ses qualités formelles, c'est une conception neuve du gratte-ciel qu'elle représente : un immeuble de grande hauteur sans noyau central qui renvoie les tours américaines à l'âge de pierre et défie sur leur terrain les tours plus modernes de Sir Norman Foster.

unteren Teil und Stahlverstrebungen um die gebogenen Flächen des oberen Teils schafft große, freie Flächen. Durch die Fenster mit Konvexspiegeln auf zwölf Ebenen erhält das Gebäude bis ins Innere natürliches Licht. Die aufgrund des dunklen Granits am Rand des Kraters schwer wirkende Fassade wird mit zunehmender Höhe immer leichter, um dann dem abgestuften und zunehmend reflektierenden Glas den Vorrang zu lassen, was den Eindruck verleiht, daß er sich in den Wolken auflöst.

Ganz eindeutig für einen Prestigemarkt bestimmt, wartet der Turm ohne Ende auf eine bessere Lage des Immobilienmarktes. Es ist alles bereit, nur muß der Optimismus des Baugewerbes zurückkehren. Denn sonst wird der Turm in der Sammlung jener Ikonen des Jahrhunderts aufgenommen, denen nachgetrauert wird.

Dieser neue Wolkenkratzertypus läßt die amerikanischen Türme steinzeitlich erscheinen und stellt eine Herausforderung an die modernsten Türme von Sir Norman Foster dar.

surfaces. On twelve levels, a combination of windows and convex mirrors provide natural lighting into the very heart of the building. The facade, densely treated in dark granite in the vicinity of the crater, gradually lightens as it ascends, giving way to glass in an increasingly reflective gradation, hence the illusion of its vanishing into the clouds.

Unequivocally aimed at a prestigious market, the Endless Tower awaits an upturn in the market for office space; the design work is completed, tendering is over, the main contractors selected, all that is lacking is revived economic buoyancy if it is to avoid sharing the fate of the century's other fine abandoned and regretted icons.

Quite apart from its unique height and formal qualities, it represents a new conception of the skyscraper: a coreless, ultra-high-rise building which relegates American towers to the Stone Age and challenges the most up-to-date schemes of Sir Norman Foster on their own pitch.

Kuala Lumpur, Malaysia

Tenaga Nasional
Tenaga Nasional
Tenaga Nasional

Dotée de richesses naturelles et énergétiques considérables, la Malaisie poursuit tambour battant un programme de développement qui vise à rejoindre dès 2020 le peloton des pays industrialisés. Elle vient d'exhiber les signes tangibles de sa vitalité en inaugurant pour sa compagnie pétrolière nationale Petronas des tours jumelles, les plus hautes du monde à ce jour.

Tenaga Nasional, la société qui gère les sources énergétiques du pays a posé trois mots d'ordre en préalable à l'édification d'un nouveau siège social : prestige, modernité et tradition. Les Malais sont en grande partie musulmans ;. favorablement impressionné par l'Institut du monde arabe, un promoteur qui briguait la conduite de l'affaire est venu consulter Jean Nouvel. Le programme requérait explicitement une tour...

Au-delà de son expérience araboparisienne, Nouvel se sent bien en phase avec une esthétique qui fait de l'eau, de la lumière et de l'ombre ses matériaux favoris. Pour la compagnie malaise, il a ainsi conçu un territoire inspiré des jardins

Über bedeutende natürliche und energetische Reichtümer verfügend, setzt Malaysia sein Entwicklungsprogramm stetig fort, um im Jahr 2020 die industrialisierten Länder einzuholen. Das Land gab erst kürzlich seine Vitalität zu erkennen und weihte für seine nationale Ölgesellschaft Petronas Zwillingstürme ein, die heute die höchsten der Welt sind. Tenaga Nasional, das Unternehmen, das die Energiequellen des Landes verwaltet, nannte drei Sichwörter im Hinblick auf den Bau des neuen Gesellschaftssitzes: Prestige, Modernität, Tradition. Die meisten Malayen sind Mohammedaner: ein vom Pariser Institut du monde arabe sehr beeindruckter Bauträger, der die Verantwortung für diesen Bau (für den ausdrücklich ein Turm verlangt wurde) übernehmen wollte, suchte Jean Nouvel auf.

Nicht nur wegen seiner arabischpariserischen Erfahrungen bejaht Nouvel eine Ästhetik, deren bevorzugte Materialien Wasser, Licht und Schatten sind. So entwarf er für die malayische Gesellschaft ein von den Mogul-Gärten inspiriertes

Endowed with considerable natural and energy resources, Malaysia is briskly pursuing a development programme, the goal of which is to catch up with the industrialised countries by 2020. It has just offered a tangible demonstration of its economic vitality with the inauguration of twin towers – the highest to date in the world – to house Petronas, the national oil corporation.

As a precondition, Tenaga Nasional, the company which manages the county's energy resources, stipulated three watchwords for the building of its new headquarters: prestige, modernity and tradition. The majority of the Malaysian population is Moslem; favourably impressed by the Arab World Institute, a developer aspiring to overall supervision of the contract came to see Jean Nouvel. The programme explicitly called for a tower...

Apart from his Arabo-Parisian experience, Nouvel felt himself at home with an aesthetic which highlighted water, light, and shadow as its choice features. He therefore

Une superposition de trames géométriques dans la tradition du jardin moghol (ci-dessus).

Überlagerung geometrischer Raster in der Tradition der Mogul-Gärten (oben).

Superimposed geometric grids in the tradition of the Mogul garden (above).

Un édifice absolument moderne qui s'inscrit dans une culture spécifique.

Ein absolut modernes, dem Geist einer spezifischen Kultur entsprechendes Gebäude.

A resolutely modern building adapted to a highly specific culture.

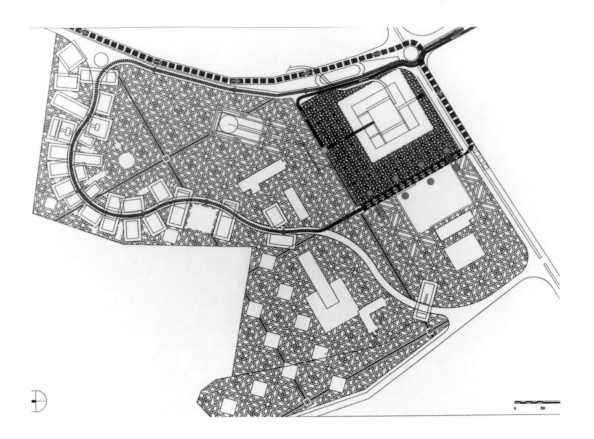

moghols, où l'eau, le minéral et le végétal se mêlent en motifs géométriques complexes pour marquer le paysage et ménager des perspectives particulières. La tour procède de cet ensemble : sise à proximité de la route qui mène à la ville, elle se pose dans un creux au milieu d'un carré où l'eau est de plus en plus présente au fur et à mesure que l'on avance vers le centre : la tour surgit ainsi de la nappe qui la reflète.

Elle-même de plan carré, la tour ne possède pas de noyau central et présente des façades différentes selon leur orientation, des motifs géométriques entrelacés en une grille de métal formant double peau sur les faces exposées à l'est, au sud et à l'ouest, alors que la face nord présente la nudité d'un vitrage clair. Chaque façade prodigue ainsi dans les bureaux une lumière ombrée de formes se déplaçant avec le soleil.

Gelände, auf dem sich Wasser, Mineralien und Vegetation zu komplexen, geometrischen Motiven verbinden, um die Landschaft zu gestalten und besondere Perspektiven zu schaffen. Der Turm befindet sich in der Nähe der zur Stadt führenden Straße und liegt in einem abgesenkten Quadrat, zu dem hin sich das Wasser in zunehmendem Maß sammelt. Der Turm taucht aus der Wasserfläche auf, in der er sich spiegelt.

Der Turm selbst ist viereckig, verfügt über keinen zentralen Erschließungskern, hat je nach Lage verschiedene Fassaden und zu einem Metallraster geometrisch verflochtene Motive, die an der Ost-, Süd- und Westseite eine Doppelfassade bilden, während die Nordseite sich in nacktem, hellem Glas präsentiert. So versorgt jede Fassade die Büros mit Licht und Schatten, der sich entsprechend dem Stand der Sonne verschiebt.

designed for the Malaysian company a site inspired by those Indian Mogul gardens where water, rock and vegetation are blended in complex geometrical motifs to pick out the landscape and provide distinctive perspectives. The tower is based on such a combination: located by the main road leading to the city, it stands in a hollow in the middle of a square patch of land; as the building is approached, its reflection soars out of the increasingly omnipresent sheet of water.

The tower is similarly square-plan, with no central core, and its facades are given a varied treatment; geometric motifs intertwined into metal grating form a double skin on the east, south and west sides, while the north side features clear, unadorned glazing. In this way, each facade provides the offices with shaded light and shapes which change with the moving sun.

Des motifs entrelacés, familiers à la
culture islamique.

Verflochtene, an die islamische Kultur
erinnernde Motive.

Interlacing motifs, typical of Islamic
culture.

London, United Kingdom

Baltic House
Baltic House
Baltic House

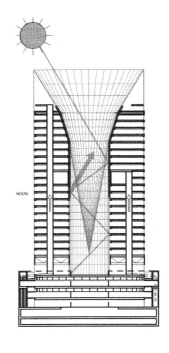

Une autre consultation, un autre bon prétexte à approfondir sa recherche.

Un site difficile au milieu d'une City – qu'un urbanisme sauvage perpétré par le business londonien, pourtant d'une éducation si exquise, n'a pas épargnée –, en subissait la conséquence lointaine, une négociation pour le meilleur permis de construire avec les services de la ville qui s'annonçait ardue. Dans l'ignorance de ce que la ville pouvait accorder de surface à construire, Nouvel choisissait de présenter trois projets (et l'esquisse de l'ébauche d'un quatrième). Il en a testé l'impact en maquette en montage, d'abord sur l'environnement proche et le voisinage et particulièrement pour ce qui concerne ombres portées et lueurs réfléchies, puis sur la silhouette lointaine de la ville.

Les trois projets répondent aux espoirs du promoteur quant à la densité allouée : la plus basse inspirait un édifice surmonté d'un dôme percé d'un cône ; l'hypothèse moyenne se contentait d'une tour cylindrique épaisse autour d'un vide central et

Ein weiteres Projekt, ein weiterer Vorwand zur Vertiefung seiner Recherchen. Eine schwierige Lage inmitten der City – der durch den unkontrollierten Städtebau des Londoner (wenn auch besonders wohlerzogenen) Business nichts erspart blieb –, mit den sich daraus ergebenden weitreichenden Konsequenzen und Verhandlungen mit der Stadt für die Baugenehmigung, die schwierig zu werden schienen. Da nicht im Bilde, welche bebaubare Fläche die Stadt zulassen würde, präsentierte Nouvel drei Projekte (und die Skizze eines vierten). Er testete die Wirkung mit Hilfe von Einsatzmodellen, zunächst auf die unmittelbare Umgebung, vor allem auf den Schlagschatten und den reflektierenden Lichtschein, schließlich auf die ferne Silhouette der Stadt.

Die drei Entwürfe entsprechen hinsichtlich der genehmigten Dichte den Vorstellungen der Auftraggeber: das mit der geringsten Höhe war ein Gebäude mit einer von einem Konus durchdrungenen Kuppel; das mittlere begnügte sich mit einem starken, zylindrischen, ringförmigen Turm

A new consultation, yet another good pretext to intensify his research.

The Square Mile had not emerged unscathed from the urban ravages perpetrated – despite their impeccably refined credentials – by City businessmen themselves. Located in the heart of the City, the awkward site suffered the remote consequences: a prospect of laborious negociations with local authorities to obtain the best possible building permit. Unaware of the precise building area the City might authorise, Nouvel submitted three projects (together with the draft outline of a fourth). Using scale models, he explored their potential impact, on the immediate vicinity and neigh-bourhood – particularly regarding projected shadow and reflected light – then on the distant London skyline.

All three projects satisfied the developer as regards the allocated building density: the lowest version featured a building surmounted by a dome pierced by a cone; the midrise version, a thick, ring-plan, cylindrical tower around a central

Une typologie originale qui privilégie la recherche de la meilleure lumière naturelle.

Eine originale Typologie, die das beste natürliche Licht bevorzugt.

A novel typology emphasising the pursuit of ideal natural light conditions.

La spirale de 360 mètres dans la silhouette de la City.

Die 360 Meter hohe Spirale in der Silhouette der City.

The 1200-foot spiral against the City skyline.

À des hypothèses de densité différente répondent trois projets différents qui visent la meilleure insertion dans le quartier.

Den Hypothesen unterschiedlicher Dichte entsprechen drei verschiedene Projekte, die die beste Eingliederung in das Stadtviertel anvisieren.

Three alternative projects, each corresponding to a potentially different authorised building density, and each seeking optimal insertion within the existing fabric of the neighbourhood.

dotée d'un plan en anneau ; une haute tour cylindrique à vide central remplissait d'aise les promoteurs. Leur optimisme soufflait à Nouvel une tour de 360 mètres ! Il n'a pas été chargé du projet. Qu'importe ! Il recommencera.

mit zentralem, leerem Raum, aber der hohe, zylindrische Turm mit zentralem, leerem Raum sagte den Bauträgern besonders zu. Ihr Optimismus ließ Nouvel einen 360 Meter hohen Turm konzipieren! Mit dem Bau wurde er allerdings nicht beauftragt. Was soll's! Er wird etwas Neues in Angriff nehmen.

void; the clients were delighted with the third version, a high tower with a central void. Their optimism prompted Nouvel to design a 1,200-foot tower! The project was finally rejected undaunted by such set-backs, the architect will go right back to his drawing board!

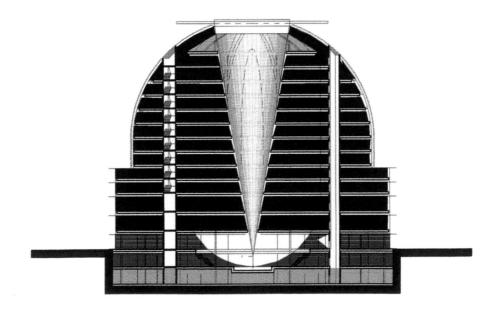

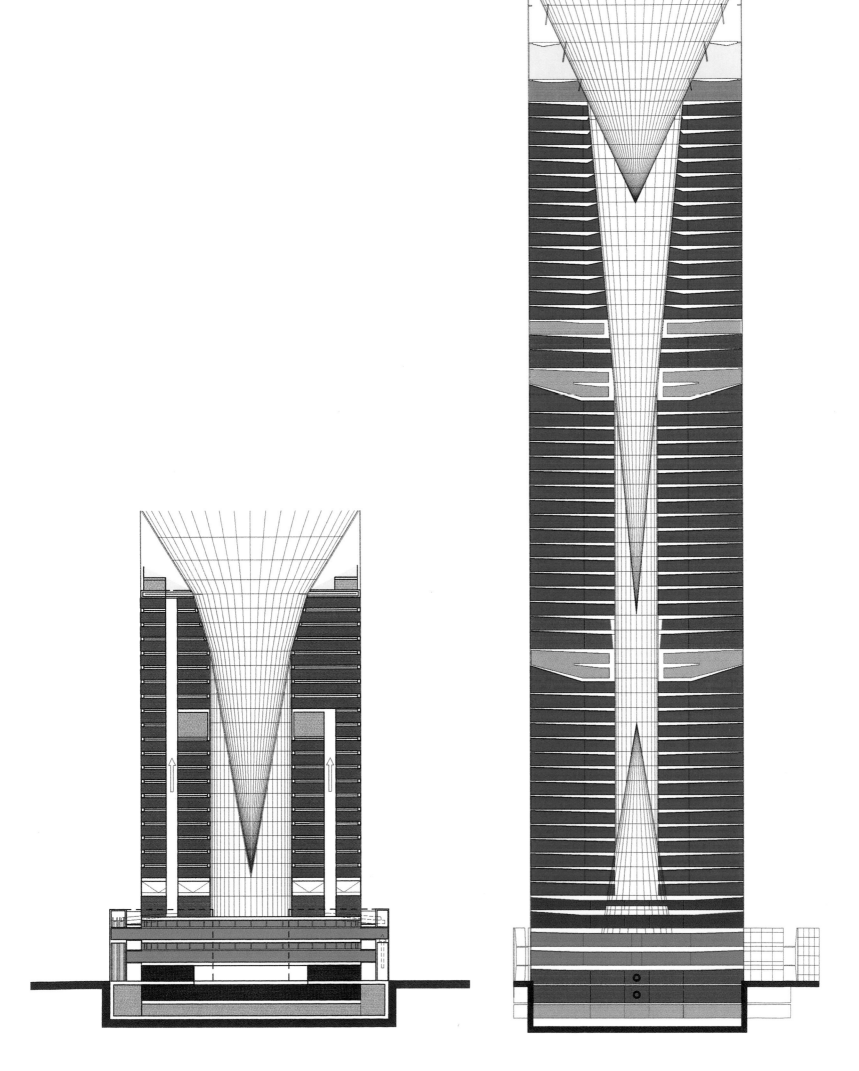

Principaux projets et réalisations

Wichtigste Projekte und Bauausführungen

Principal projects and buildings

1970-1973
Maison Delbigot, Villeneuve-sur-Lot, France.
Jean Nouvel, François Seigneur, Roland Baltéra.

1970-1974
Maison Delanghe, Dordogne, France.
Jean Nouvel, François Seigneur, Gilbert Lézénès.

1970
Maisons modulaires pour villages de vacances, Lozère, France.
Concours, projet lauréat.
Jean Nouvel, François Seigneur, Gérard Chiodo.

1971-1972
Bureau d'accueil d'une imprimerie, Paris, France.
Jean Nouvel, François Seigneur.

1971
Centre national d'art et de culture, plateau Beaubourg, Paris, France.
Concours international.
Jean Nouvel, François Seigneur, Yann Lecoq.

1971-1973
Théâtre de la Tempête, Vincennes, France.
Jean Nouvel, François Seigneur.

1972
Immeubles à usage d'habitation.
Premier concours PAN, projet lauréat.
Jean Nouvel, François Seigneur.

1972
Théâtre itinérant.
Concours, projet lauréat.
Jean Nouvel, Jean-Marie Serreau.

1972
Agence de voyages CGTT, Paris, France.
Jean Nouvel, François Seigneur.

1972-1974
École maternelle, Dordogne, France.
Jean Nouvel, François Seigneur, Gilbert Lézénès.

1974
Ilot de la Petite Roquette, Paris, France.
(Aménagement du terrain de l'ancienne prison.)
Concours.
Jean Nouvel, François Seigneur, Jean-François Guyot.

1974
Musée de la Préhistoire d'Ile-de-France, Nemours, France.
Concours.
Jean Nouvel, François Seigneur, Gilbert Lézénès, Jean-François Guyot.

1975-1976
Bibliothèque et discothèque du Trocadéro, Paris, France.
Jean Nouvel, François Seigneur, Gilbert Lézénès, Jean-François Guyot.

1975
Unités modulaires d'enseignement.
Concours.
Jean Nouvel, Gilbert Lézénès.

1970-1973
Haus Delbigot, Villeneuve-sur-Lot, Frankreich.
Jean Nouvel, François Seigneur, Roland Baltéra.

1970-1974
Haus Delanghe, Dordogne, Frankreich.
Jean Nouvel, François Seigneur, Gilbert Lézénès.

1970
Baukastensystem-Häuser für Feriendörfer, Lozère, Frankreich.
Wettbewerb, preisgekröntes Projekt.
Jean Nouvel, François Seigneur, Gérard Chiodo.

1971-1972
Emfangsbüro einer Druckerei, Paris, Frankreich.
Jean Nouvel, François Seigneur.

1971
Centre national d'art et de culture, Beaubourg Vorplatz, Paris, Frankreich.
Internationaler Wettbewerb.
Jean Nouvel, François Seigneur, Yann Lecoq.

1971-1973
Théâtre de la Tempête, Vincennes, Frankreich.
Jean Nouvel, François Seigneur.

1972
Wohngebäude.
Erster PAN-Wettbewerb, preisgekröntes Projekt.
Jean Nouvel, François Seigneur.

1972
Wandertheater.
Wettbewerb, preisgekröntes Projekt.
Jean Nouvel, Jean-Marie Serreau.

1972
Reisebüro CGTT, Paris, Frankreich.
Jean Nouvel, François Seigneur.

1972-1974
Vorschule, Dordogne, Frankreich.
Jean Nouvel, François Seigneur, Gilbert Lézénès.

1974
Ilot de la Petite Roquette, Paris, Frankreich.
(Bebauung des ehemaligen Gefängnisgeländes.)
Wettbewerb.
Jean Nouvel, François Seigneur, Jean-François Guyot.

1974
Vorgeschichtliches Museum der Ile-de-France, Nemours, Frankreich.
Wettbewerb.
Jean Nouvel, François Seigneur, Gilbert Lézénès, Jean-François Guyot.

1975-1976
Bibliothek und Diskothek Trocadero, Paris, Frankreich.
Jean Nouvel, François Seigneur, Gilbert Lézénès, Jean-François Guyot.

1975
Schule-Modulbau.
Wettbewerb.
Jean Nouvel, Gilbert Lézénès.

1970-1973
Delbigot House, Villeneuve-sur-Lot, France.
Jean Nouvel, François Seigneur, Roland Baltéra.

1970-1974
Delanghe House, Dordogne, France.
Jean Nouvel, François Seigneur, Gilbert Lézénès.

1970
Modular Housing for holiday House, Lozère, France.
Competition, prize-winning project.
Jean Nouvel, François Seigneur, Gérard Chiodo.

1971-1972
Printing Works Reception Office, Paris, France.
Jean Nouvel, François Seigneur.

1971
Centre national d'art et de culture, plateau Beaubourg, Paris, France.
International Competition.
Jean Nouvel, François Seigneur, Yann Lecoq.

1971-1973
Théâtre de la Tempête, Vincennes, France.
Jean Nouvel, François Seigneur.

1972
Residential Buildings.
First PAN Competition, prize-winning project.
Jean Nouvel, François Seigneur.

1972
Travelling Theatre.
Competition, prize-winning project.
Jean Nouvel, Jean-Marie Serreau.

1972
CGTT Travel Agency, Paris, France.
Jean Nouvel, François Seigneur.

1972-1974
Nursery School, Dordogne, France.
Jean Nouvel, François Seigneur, Gilbert Lézénès.

1974
Petite Roquette Blok, Paris, France.
(Layout of the former prison site.)
Competition.
Jean Nouvel, François Seigneur, Jean-François Guyot.

1974
Ile de France Museum of Prehistory, Nemours, France.
Competition.
Jean Nouvel, François Seigneur, Gilbert Lézénès, Jean-François Guyot.

1975-1976
Trocadero Library and Record Library, Paris, France.
Jean Nouvel, François Seigneur, Gilbert Lézénès, Jean-François Guyot.

1975
Modular School Units.
Competition.
Jean Nouvel, Gilbert Lézénès.

1976-1978
Maison Dick, Aube, France.
Jean Nouvel, Dominique Tissier.

1976-1979
Clinique, Bezons, France.
Jean Nouvel, Gilbert Lézénès, Dominique Tissier.

1977
Théâtre de la Gaîté Lyrique, Paris, France.
Jean Nouvel, Gilbert Lézénès, Jean-François Guyot.

1978-1979
Maison Dévoldère, Aube, France.
Jean Nouvel, Dominique Tissier.

1978
Immeubles de ville, Cergy-Pontoise, France.
Concours.
Jean Nouvel, Gilbert Lézénès, Pierre Soria.

1978-1980
Collège Anne-Franck, Antony, France.
Jean Nouvel, Gilbert Lézénès.

1979
Rénovation du théâtre municipal, Besançon, France.
Concours.
Jean Nouvel, Gilbert Lézénès.

1979
Rénovation du théâtre, Gray, France.
Jean Nouvel, Gilbert Lézénès.

1979
Salle de spectacle, Arc-et-Senans, France.
Jean Nouvel, Gilbert Lézénès.

1979
Rénovation du théâtre, Luxeuil, France.
Concours.
Jean Nouvel, Gilbert Lézénès.

1979
Direction départementale de l'Équipement, Poitiers, France.
Concours.
Architecture Studio, Jean Nouvel, Gilbert Lézénès,
François Seigneur.

1979
Quatre maisons en participation, Cergy-Pontoise, France.
Jean Nouvel, Pierre du Besset.

1980-1984
Centre de loisirs Les Godets, Antony, France.
Jean Nouvel, Gilbert Lézénès.

1980-1984
Théâtre, Belfort, France.
Jean Nouvel, Gilbert Lézénès, Dominique Lyon.

1980
Centre chorégraphique de l'opéra du Nord, Roubaix, France.
Concours.
Jean Nouvel, Gilbert Lézénès, François Seigneur.

1981-1982
Péniche club de Presse Renault, Boulogne-Billancourt, France.
Jean Nouvel, Gilbert Lézénès, François Seigneur.

1981-1982
Centre maritime d'Antony, Morbihan, France.
Jean Nouvel, Gilbert Lézénès.

1981
Quatre-vingt-dix logements, Melun-Sénart, France.
Concours.
Jean Nouvel, Gilbert Lézénès, Pierre Soria.

1981-1986
Centre du corps et de l'eau, gymnase du Luzard, Marne-la-Vallée, France.
Jean Nouvel, Gilbert Lézénès, Patrick Colombier.

1981-1987
Centre culturel La Coupole, Combs-la-Ville, France.
Jean Nouvel, Gilbert Lézénès, Pierre Soria.

1976-1978
Haus Dick, Aube, Frankreich.
Jean Nouvel, Dominique Tissier.

1976-1979
Klinik, Bezons, Frankreich.
Jean Nouvel, Gilbert Lézénès, Dominique Tessier.

1977
Théâtre de la Gaîté Lyrique, Paris, Frankreich.
Jean Nouvel, Gilbert Lézénès, Jean-François Guyot.

1978-1979
Haus Dévoldère, Aube, Frankreich.
Jean Nouvel, Dominique Tissier.

1978
Gebäude der Stadt, Cergy-Pontoise, Frankreich.
Wettbewerb.
Jean Nouvel, Gilbert Lézénès, Pierre Soria.

1978-1980
Anne-Frank-Gymnasium, Antony, Frankreich.
Jean Nouvel, Gilbert Lézénès.

1979
Umbau des Städtischen Theaters, Besançon, Frankreich.
Wettbewerb.
Jean Nouvel, Gilbert Lézénès.

1979
Umbau des Gray-Theaters, Frankreich.
Jean Nouvel, Gilbert Lézénès.

1979
Saal für div. Aufführungen, Arc-et-Senans, Frankreich.
Jean Nouvel, Gilbert Lézénès.

1979
Umbau des Luxeuil-Theaters, Frankreich.
Wettbewerb.
Jean Nouvel, Gilbert Lézénès.

1979
Direction départementale de l'Equipement, Poitiers, Frankreich.
Wettbewerb.
Architecture Studio, Jean Nouvel, Gilbert Lézénès, François Seigneur.

1979
Vier Häuser mit Beteiligung, Cergy-Pointoise, Frankreich.
Jean Nouvel, Pierre du Besset.

1980-1984
Freizeitzentrum Les Godets, Antony, Frankreich.
Jean Nouvel, Gilbert Lézénès.

1980-1984
Theater, Belfort, Frankreich.
Jean Nouvel, Gilbert Lézénès, Dominique Lyon.

1980
Choreographie-Center der Opera du Nord, Roubaix, Frankreich.
Wettbewerb.
Jean Nouvel, Gilbert Lézénès, François Seigneur.

1981-1982
Schleppkahn Presseclub Renault, Boulogne-Billancourt, Frankreich.
Jean Nouvel, Gilbert Lézénès, François Seigneur.

1981-1982
Centre maritime d'Antony, Morbihan, Frankreich.
Jean Nouvel, Gilbert Lézénès.

1981
Neunzig Wohnungen, Melun-Sénart,, Frankreich.
Wettbewerb.
Jean Nouvel, Gilbert Lézénès, Pierre Soria.

1981-1986
Centre du corps et de l'eau, Sportcenter Le Luzard, Marne-la-Vallée, Frankreich.
Jean Nouvel, Gilbert Lézénès, Patrick Colombier.

1981-1987
Kulturzentrum La Coupole, Combs-la-Ville, Frankreich.
Jean Nouvel, Gilbert Lézénès, Pierre Soria.

1976-1978
Dick House, Aube, France.
Jean Nouvel, Dominique Tissier.

1976-1979
Clinic, Bezons, France.
Jean Nouvel, Gilbert Lézénès, Dominique Tissier.

1977
Théâtre de la Gaîté Lyrique, Paris, France.
Jean Nouvel, Gilbert Lézénès, Jean-François Guyot.

1978-1979
Délvodère House, Aube, France.
Jean Nouvel, Dominique Tissier.

1978
Town Buildings, Cergy-Pontoise, France.
Competition.
Jean Nouvel, Gilbert Lézénès, Pierre Soria.

1978-1980
Anne-Franck Secondary School, Antony, France.
Jean Nouvel, Gilbert Lézénès.

1979
Renovation of Besançon Municipal Theatre, Besançon, France.
Competition.
Jean Nouvel, Gilbert Lézénès.

1979
Renovation of Theatre, Gray, France.
Jean Nouvel, Gilbert Lézénès.

1979
Theatre/Cinema Auditorium, Arc-et-Senans, France.
Jean Nouvel, Gilbert Lézénès.

1979
Renovation of Theatre, Luxeuil, France.
Competition.
Jean Nouvel, Gilbert Lézénès.

1979
Departmental Public Amenities Headquarters, Poitiers, France.
Competition.
Architecture Studio, Jean Nouvel, Gilbert Lézénès,
François Seigneur.

1979
Four Multi-family housing Units, Cergy-Pontoise, France.
Jean Nouvel, Pierre du Besset.

1980-1984
Les Godets Leisure Centre, Antony, France.
Jean Nouvel, Gilbert Lézénès.

1980-1984
Theatre, Belfort, France.
Jean Nouvel, Gilbert Lézénès, Dominique Lyon.

1980
Opera du Nord Choregraphy Centre, Roubaix, France.
Competition.
Jean Nouvel, Gilbert Lézénès, François Seigneur.

1981-1982
Presse Barge Renault, Boulogne-Billancourt, France.
Jean Nouvel, Gilbert Lézénès, François Seigneur.

1981-1982
Antony Maritime Centre, Morbihan, France.
Jean Nouvel, Gilbert Lézénès.

1981
Ninety Housing Units, Melun-Sénart, France.
Competition.
Jean Nouvel, Gilbert Lézénès, Pierre Soria.

1981-1986
Acqua/Body-Care Centre, Le Luzard Gymnasium, Marne-la-Vallée France.
Jean Nouvel, Gilbert Lézénès, Patrick Colombier.

1981-1987
La Coupole Cultural Centre, Combs-la-Ville, France.
Jean Nouvel, Gilbert Lézénès, Pierre Soria.

1981-1987
Institut du monde arabe, Paris, France.
Jean Nouvel, Gilbert Lézénès, Pierre Soria, Architecture Studio
(Martin Robain, Jean-François Galmiche, Rondo Tisnado,
Jean-François Bonne, François-Xavier Désert).

1982-1987
Opération Hermet-Biron, Seine-Saint-Denis, France.
Pierre Soria, Jean Nouvel, Gilbert Lézénès.

1982
Ministère des Finances, Paris, France.
Concours, projet primé.
Jean Nouvel, Gilbert Lézénès, Pierre Soria.

1982
Aménagement du parc de La Villette, Paris, France.
Concours international, projet primé.
Jean Nouvel, Gilbert Lézénès, Pierre Soria.

1982
Tête-Défense, Paris, France.
(Mise au carreau de l'horizon La Défense.)
Concours international, projet classé second.
Jean Nouvel, Pierre Soria, Jean-Marc Ibos, Didier Laroque,
Architecture Studio.

1983
Maison de poupée.
Jean Nouvel, Pierre-Martin Jacot, Odile Fillion.

1983
La Planète, Exposition universelle 1989, Paris, France.
Concours.
Jean Nouvel, Gilbert Lézénès, Pierre Soria, Jean-Marc Ibos,
Didier Laroque.

La Seine, Exposition universelle 1989, Paris, France.
Concours.
Jean Nouvel, Gilbert Lézénès, Jean-Marc Ibos, Didier Laroque,
Pierre Soria.

*Les chemins de la Liberté, Exposition universelle 1989,
Paris, France.*
Concours.
Jean Nouvel, François Seigneur, Pierre Soria.

1983
Salle de rock, Bagnolet, France.
Concours
Jean Nouvel, Pierre Soria, Gilbert Lézénès.

1984
Aménagement du jardin des Tuileries, Paris, France.
Jean Nouvel, Jean-Marc Ibos, Myrto Vitart.

1984
Centre d'art contemporain et médiathèque, Nîmes, France.
Concours international
Jean Nouvel, Jean-Marc Ibos.

1985-1987
Némausus 1, Nîmes, France.
Jean Nouvel, Jean-Marc Ibos, Frédéric Chambon, Jean-Rémi Negre.

1985-1989
*INIST (Institut de l'information scientifique et technique),
Meurthe-et-Moselle, France.*
Jean Nouvel et associés, Jean-François Guyot,
Hossein Hedayati.

1985-1987
Extension du lycée technique Dhuoda, Nîmes, France.
Jean Nouvel dans le cadre des ateliers de Nîmes.

1986-1987
Tête et relais du réseau câblé, Nîmes, France.
Jean Nouvel dans le cadre des ateliers de Nîmes.

1986
Nouveau théâtre national, Tokyo, Japon.
Concours international, projet mentionné.
Jean Nouvel et associés et Philippe Starck dans le cadre des ateliers
de Nîmes.

1981-1987
Institut du monde arabe (Arabisches Kulturistitut), Paris, Frankreich.
Jean Nouvel, Gilbert Lézénès, Pierre Soria, Architecture Studio
(Martin Robain, Jean-François Galmiche, Rondo Tisnado,
Jean-François Bonne, François-Xavier Désert).

1982-1987
Opération Hermet-Biron, Seine-Saint-Denis, Frankreich.
Pierre Soria, Jean Nouvel, Gilbert Lézénès.

1982
Finanzministerium, Paris, Frankreich.
Wettbewerb, prämiiertes Projekt.
Jean Nouvel, Gilbert Lézénès, Pierre Soria.

1982
Gestaltung des Parc de La Villette, Paris, Frankreich.
Internationaler Wettbewerb, prämiiertes Projekt.
Jean Nouvel, Gilbert Lézénès, Pierre Soria.

1982
Tête Défense, Paris, Frankreich.
(Quadratur des Horizons La Défense.)
Internationaler Wettbewerb, zweiter Preis.
Jean Nouvel, Pierre Soria, Jean-Marc Ibos, Didier Laroque,
Architecture Studio.

1983
Puppenhaus.
Jean Nouvel, Pierre-Martin Jacot, Odile Fillion.

1983
La Planète, Weltausstellung 1989, Paris, Frankreich.
Wettbewerb.
Jean Nouvel, Gilbert Lézénès, Pierre Soria, Jean-Marc Ibos,
Didier Laroque.

La Seine, Weltausstellung 1989, Paris, Frankreich.
Wettbewerb.
Jean Nouvel, Gilbert Lézénès, Jean-Marc Ibos, Didier Laroque,
Pierre Soria.

*Les chemins de la Liberté, Weltausstellung 1989,
Paris, Frankreich.*
Wettbewerb.
Jean Nouvel, François Seigneur, Pierre Soria.

1983
Rocksaal, Bagnolet, Frankreich.
Wettbewerb.
Jean Nouvel, Pierre Soria, Gilbert Lézénès.

1984
Gestaltung des Jardin des Tuileries, Paris, Frankreich.
Jean Nouvel, Jean-Marc Ibos, Myrto Vitart.

1984
Centre d'art contemporain et médiatique, Nîmes, Frankreich.
Internationaler Wettbewerb.
Jean Nouvel, Jean-Marc Ibos.

1985-1987
Némausus 1, Nîmes, Frankreich.
Jean Nouvel, Jean-Marc Ibos, Frédéric Chambon, Jean-Rémi Negre.

1985-1989
*INIST (Institut der Information für Wissenschaft und Technik),
Meurthe-et-Moselle, Frankreich.*
Jean Nouvelle et associés, Jean-François Guyot,
Hossein Hedayati.

1985-1987
Vergrößerung des technischen Gymnasiums Dhuoda, Nîmes, Frankreich.
Jean Nouvel im Rahmen der Ateliers von Nîmes.

1986-1987
Kopf und Relais des Kabelnetzes, Nîmes, Frankreich.
Jean Nouvel im Rahmen der Ateliers von Nîmes.

1986
Neues Nationaltheater, Tokio, Japan.
Internationaler Wettbewerb, prämiiertes Projekt.
Jean Nouvel et associés sowie Philippe Starck im Rahmen der
Ateliers von Nîmes.

1981-1987
Arab Worl Institute, Paris, France.
Jean Nouvel, Gilbert Lézénès, Pierre Soria, Architecture Studio
(Martin Robain, Jean-François Galmiche, Rondo Tisnado,
Jean-François Bonne, François-Xavier Désert).

1982-1987
Opération Hermet-Biron, Seine-Saint-Denis, France.
Pierre Soria, Jean Nouvel, Gilbert Lézénès.

1982
Finance Ministry, Paris, France.
Competition, short-listed project.
Jean Nouvel, Gilbert Lézénès, Pierre Soria.

1982
Layout of La Villette Park, Paris, France.
International Competition, short-listed project.
Jean Nouvel, Gilbert Lézénès, Pierre Soria.

1982
Tête-Défense, Paris, France.
("Deleting" the La Défense skyline.)
International Competition, runner-up project.
Jean Nouvel, Pierre Soria, Jean-Marc Ibos, Didier Laroque,
Architecture Studio.

1983
Doll's House.
Jean Nouvel, Pierre-Martin Jacot, Odile Fillion.

1983
La Planète, 1989 World's Fair, Paris, France.
Competition.
Jean Nouvel, Gilbert Lézénès, Pierre Soria, Jean-Marc Ibos,
Didier Laroque.

La Seine, 1989 World's Fair.
Concours. Wettbewerb. Competition.
Jean Nouvel, Gilbert Lézénès, Jean-Marc Ibos, Didier Laroque,
Pierre Soria.

*Les chemins de la Liberté, 1989 World's Fair,
Paris, France.*
Concours. Wettbewerb. Competition.
Jean Nouvel, François Seigneur, Pierre Soria.

1983
Rock Auditorium, Bagnolet, France.
Competition.
Jean Nouvel, Pierre Soria, Gilbert Lézénès.

1984
Layout of the Tuileries Gardens, Paris, France.
Jean Nouvel, Jean-Marc Ibos, Myrto Vitart.

1984
Contemporary Art Centre and Mulltimedia Library, Nîmes, France.
International Competition.
Jean Nouvel, Jean-Marc Ibos.

1985-1987
Némausus 1, Nîmes, France.
Jean Nouvel, Jean-Marc Ibos, Frédéric Chambon, Jean-Rémi Negre.

1985-1989
*INIST (Scientific and technical Information Institute),
Meurthe-et-Moselle, France.*
Jean Nouvel and Associates, Jean-François Guyot,
Hossein Hedayati.

1985-1987
Dhuoda Technical Lycée Extension, Nîmes, France.
Jean Nouvel, as part of Nîmes Workshops programme.

1986-1987
Cable Network Hub and relay Station, Nîmes, France.
Jean Nouvel, as part of Nîmes Workshops programme.

1986
New national Theatre, Tokyo, Japan.
International Competition, merit-award project.
Jean Nouvel and Associates and Philippe Starck, as part of Nîmes
Workshops programme.

1986-1993
Opéra, Lyon, France.
Concours, projet lauréat.
Jean Nouvel et associés.

1986
L'État des choses, Val-de-Marne, France.
Jean Nouvel.

1986
L'induction, Paris, France.
Concours.
Jean Nouvel et associés.

1987-1988
Centre culturel ONYX, Loire-Atlantique, France.
Concours, projet lauréat.
Jean Nouvel et associés.

1987-1991
Cent soixante-quatorze logements, Cap-d'Ail, France.
Jean Nouvel.

1987
École hôtelière, Institut du tourisme et du management, Seine-et-Marne, France.
Jean Nouvel.

1987
Centre culturel de création et d'exposition, Jouy-en-Josas, France.
Jean Nouvel.

1988
Extension du musée Rodin, Paris, France.
Concours.
Jean Nouvel et associés.

1988
Espace santé beauté, Vichy, France.
Concours, projet lauréat.
Jean Nouvel.

1988
Hôtel de la Tour européenne, Calvados, France.
Jean Nouvel.
Projet en quatre parties, William Alsop, Massimiliano Fuksas, Otto Steidle et Jean Nouvel.

1988-1992
Siège de l'agence de publicité CLM/BBDO, Hauts-de-Seine, France.
Jean Nouvel, puis JNEC.

1988
Aéroport international du Kansaï, Osaka, Japon.
Concours international.
JNEC, Jean-Jacques Raynaud et Adeline Rispal.

1989
Quartier français, Copenhague, Danemark.
Jean Nouvel.

1989
Trois tours de logements, Rotterdam, Pays-Bas.
JNEC.

1989
Tour sans Fins, Paris, France.
Concours, projet lauréat.
Jean Nouvel et associés.

1989
Autoroute du Sud de la France, Vienne, France.
(Aménagement du paysage et d'un péage d'autoroute.)
Jean Nouvel, Yves Brunier.

1989
Bureaux King's Cross, Londres, Angleterre.
(Sur un plan masse de Norman Foster, 100 000 m² de bureaux.)
JNEC.

1989
Le Halo de la flèche, Salzbourg, Autriche.
(Extension du musée Burger Spital.)
Concours.
JNEC.

1986-1993
Oper, Lyon, Frankreich.
Preisgekröntes Projekt.
Jean Nouvel et associés.

1986
L'État des choses, Val-de-Marne, Frankreich.
Jean Nouvel.

1986
L'induction, Paris, Frankreich.
Wettbewerb.
Jean Nouvel et associés.

1987-1988
Kulturzentrum ONYX, Loire-Atlantique, Frankreich.
Wettbewerb, preisgekröntes Projekt.
Jean Nouvel et associés.

1987-1991
Hundertvierundsiebzig Wohnungen, Cap-d'Ail, Frankreich.
Jean Nouvel.

1987
Hotelschule, Institut für Tourismus und Management, Seine-et-Marne, Frankreich.
Jean Nouvel.

1987
Kulturzentrum für Kreation und Ausstellungen, Jouy-en-Josas, Frankreich.
Jean Nouvel.

1988
Erweiterung des Rodin-Museums, Paris, Frankreich.
Wettbewerb.
Jean Nouvel et associés.

1988
Espace santé beauté, Vichy, Frankreich.
Wettbewerb, preisgekröntes Projekt.
Jean Nouvel.

1988
Hôtel de la Tour européenne, Calvados, Frankreich.
Jean Nouvel.
Vierteiliges Projekt, William Alsop, Massimiliano Fuksas, Otto Steidle und Jean Nouvel.

1988-1922
Gesellschaftssitz der Werbeagentur CLM/BBDO, Hauts-de-Seine, Frankreich.
Jean Nouvel, danach JNEC.

1988
Internationaler Flugplatz Kansai, Osaka, Japan.
Internationaler Wettbewerb.
JNEC, Jean-Jacques Raynaud und Adeline Rispail.

1989
Französisches Viertel, Kopenhagen, Dänemark.
Jean Nouvel.

1989
Drei Wohntürme, Rotterdam, Niederlande.
JNEC.

1989
Turm ohne Ende, Paris, Frankreich.
Wettbewerb, preisgekröntes Projekt.
Jean Nouvel et associés.

1989
Autobahn Südfrankreich, Vienne, Frankreich.
(Landschaftsgestaltung und Errichtung einer Mautstelle.)
Jean Nouvel, Yves Brunier.

1989
Büros King's Cross, London, England.
(100 000 qm Bürofläche nach einem Lageplan von Norman Foster.)
JNEC.

1989
Le Halo de la flèche, Salzburg, Österreich.
(Erweiterung des Museums Bürger-Spital.)
Wettbewerb.
JNEC.

1986-1993
Opera House, Lyons, France.
Competition, prize-winning project.
Jean Nouvel and Associates.

1986
L'État des choses, Val-de-Marne, France.
Jean Nouvel.

1986
L'induction, Paris, France.
Competition.
Jean Nouvel and Associates.

1987-1988
ONYX Cultural Centre, Loire-Atlantique, France.
Competition, prize-winning project.
Jean Nouvel and Associates.

1987-1991
One Hundred and Seventy Four Housing Units, Cap-d'Ail, France.
Jean Nouvel.

1987
Hotel Management School, Tourism and Management Institute, Seine-et-Marne, France.
Jean Nouvel.

1987
Cultural Creation and Exhibition Centre, Jouy-en-Josas, France.
Jean Nouvel.

1988
Rodin Museum Extension, Paris, France.
Competition.
Jean Nouvel and Associates.

1988
Health and Beauty Centre, Vichy, France.
Competition, prize-winning project.
Jean Nouvel.

1988
Hôtel de la Tour européenne, Calvados, France.
Jean Nouvel.
Four-par project : William Alsop, Massimiliano Fuksas, Otto Steidle and Jean Nouvel.

1988-1992
CLM/BBDO Advertising Agency Headquarters, Hauts-de-Seine, France.
Jean Nouvel, JNEC.

1988
Kansaï international Airport, Osaka, Japan.
International Competition.
JNEC, Jean-Jacques Raynaud and Adeline Rispal.

1989
French Quarter, Copenhagen, Denmark.
Jean Nouvel.

1989
Three Residential Tower Blocks, Rotterdam, Netherlands.
JNEC.

1989
Endless Tower, Paris, France.
Competition, prize-winning project.
Jean Nouvel and Associates.

1989
South France Motorway, Vienne, France.
(Landscape design and motorway toll.)
Jean Nouvel, Yves Brunier.

1989
King's Cross Offices, London, United Kingdom.
(1,075,000 sq. ft. office space, block plan by Norman Foster.)
JNEC.

1989
Le Halo de la flèche (Halo of the Arrow), Salzburg, Austria.
(Burger Spital Museum extension.)
Competition.
JNEC.

1989
La Queue de la baleine, Rotterdam, Pays-Bas.
(Centre d'expositions du port.)
JNEC.

1989
Symbole France-Japon, Tokyo, Japon.
Concours.
Jean Nouvel et associés.

1989-1991
Siège social et usine Poulain, Blois, France.
JNEC.

1989
Internationaler Seegerichtshof, Hambourg, Allemagne.
Concours international.
JNEC.

1989
Schéma directeur Mullerpier-Schierhaven, Rotterdam, Pays-Bas.
JNEC, Dominique Alba et Philippe Roux.

1989
Pavillon de la France, Exposition universelle 1992, Séville, Espagne.
Concours.
JNEC.

1989
Bibliothèque de France, Paris, France.
Concours.
JNEC.

1989-1994
Génoscope de Lanaud, Boisseuil, France.
JNEC et Edouard Boucher.

1989-1993
Centre de congrès Vinci, Tours, France.
JNEC.

1990-1993
Résidence Christophe-Colomb, Bezons, France.
JNEC.

1990
Pavillon français, Biennale de Venise, Italie.
Concours, projet lauréat.
JNEC.

1990-1993
Usine Cartier, Saint-Imier, Suisse.
JNEC.

1990
Centre de culture et de congrès, Lucerne, Suisse.
Concours, projet lauréat.
JNEC.

1990
TV studio, Rotterdam, Pays-Bas.
JNEC.

1990
Siège DuMont Schauberg, Cologne, Allemagne.
Concours, projet lauréat.
JNEC.

1990
Aménagement des bords de Seine, Nanterre, France.
JNEC.

1990-1992
Camion Inox SOVAM.
(Camion déployable, espace mobile polyvalent multimédia, 85 m².)
JNEC.

1990-1992
Hôtel Les Thermes, Dax, France.
JNEC.

1990
Schéma directeur de Prague Smichov, Prague, République Tchèque.
(Proposition de développement d'une zone de 200 ha longeant la Vltava.)
JNEC.

1989
Der Schwanz des Wals, Rotterdam, Niederlande.
(Havenausstellungzentrum.)
JNEC.

1989
Symbol Frankreich-Japan, Tokio, Japan.
Wettbewerb.
Jean Nouvel et associés.

1989-1991
Gesellschaftssitz und Fabrik Poulain, Blois, Frankreich.
JNEC.

1989
Internationaler Seegerichtshof, Hamburg, Deutschland.
Internationaler Wettbewerb.
JNEC.

1989
Entwurf Mullerpier-Schierhaven, Rotterdam, Niederlande.
JNEC, Dominique Alba und Philippe Roux.

1989
Frankreich-Pavillon, Weltausstellung 1992, Sevilla, Spanien.
Wettbewerb.
JNEC.

1989
Bibliothèque de France, Paris, Frankreich.
Wettbewerb.
JNEC.

1989-1994
Génoscope Lanaud, Boisseuil, Frankreich.
JNEC und Edouard Boucher.

1989-1993
Kongreßzentrum Vinci, Tours, Frankreich.
JNEC.

1990-1993
Residenz Christophe-Colomb, Bezons, Frankreich.
JNEC.

1990
Französischer Pavillon, Biennale von Venedig, Italien.
Wettbwerb, preisgekröntes Projekt.
JNEC.

1990-1993
Cartier Fabrik, Saint-Imier, Schweiz.
JNEC.

1990
Kultur- und Kongreßzentrum, Luzern, Schweiz.
Wettbewerb, preisgekröntes Projekt.
JNEC.

1990
TV-Studio, Rotterdam, Niederlande.
JNEC.

1990
Gesellschaftssitz DuMont Schauberg, Köln, Deutschland.
Wettbewerb, preisgekröntes Projekt.
JNEC.

1990
Gestaltung der Seine-Ufer, Nanterre, Frankreich.
JNEC.

1990-1992
Camion Inox SOVAM.
(Auseinandernehmbarer LKW als mobiler, 85 qm großer Multimedia-Raum.)
JNEC.

1990-1992
Hotel Les Thermes, Dax, Frankreich.
JNEC.

1990
Entwurf für den Prager Stadtteil Schmikov, Prag, Tschechien.
(Vorschlag zur Umgestaltung eines 200 ha großen Geländes an der Vltava.)
JNEC.

1989
The Whale's Tail, Rotterdam, Netherlands.
(Harbour exhibition center.)
JNEC.

1989
France-Japan Symbol, Tokyo, Japan.
Competition.
Jean Nouvel and Associates.

1989-1991
Poulain Factory and Headquarters, Blois, France.
JNEC.

1989
Internationaler Seegerichtshof, Hamburg, Germany.
International Competition.
JNEC.

1989
Mullerpier-Schierhaven Master Plan, Rotterdam, Netherlands.
JNEC, Dominique Alba and Philippe Roux.

1989
French Pavilion, 1992 World's Fair, Seville, Spain.
Competition.
JNEC.

1989
Bibliothèque de France (French National Library), Paris, France.
Competition.
JNEC.

1989-1994
Génoscope de Lanaud (Lanaud Livestock Centre), Boisseuil, France.
JNEC and Edouard Boucher.

1989-1993
Vinci Conference Centre, Tours, France.
JNEC.

1990-1993
Résidence Christophe-Colomb, Bezons, France.
JNEC.

1990
French Pavilion, Venice Biennale, Venice, Italy.
Competition, prize-winning project.
JNEC.

1990-1993
Cartier Factory, Saint-Imier, Switzerland.
JNEC.

1990
Cultural and Conference Centre, Luzern, Switzerland.
Competition, prize-winning project.
JNEC.

1990
TV studio, Rotterdam, Netherlands.
JNEC.

1990
DuMont Schauberg Headquarters, Cologne, Germany.
Competition, prize-winning project.
JNEC.

1990
Seine Embankment Layout, Nanterre, France.
JNEC.

1990-1992
Stainless Steel Truck SOVAM.
(Convertible Truck, 914 sq.ft., mobile, multi-purpose, multimedia space.)
JNEC.

1990-1992
Hotel Les Thermes, Dax, France.
JNEC.

1990
Praque Schmikov Master Plan, Prague, Czech Republic.
(Proposed development of a 500-acre zone along the Vltava river front.)
JNEC.

1991-1995
Mediapark block 1, Cologne, Allemagne.
(Bureaux, hôtel, logements, commerces, école, sur 31 000 m².)
Concours, projet lauréat.
JNEC.

1991-1995
Fondation Cartier d'art contemporain et siège de Cartier SA,
Paris, France.
JNEC.

1991-1996
Galeries Lafayette, Berlin, Allemagne.
Concours, projet lauréat.
JNEC.

1991
Mission Grand Axe Paris-La Défense, Paris, France.
Concours international.
JNEC.

1991
Workshop, Prague, République Tchèque.
Concours d'idées.
JNEC.

1991-1994
Triangle des gares, Lille, France.
JNEC avec M. Paindavoine et associés.

1992
Jussieu, Université de Paris 6, France.
(Réhabilitation des bâtiments universitaires.)
JNEC.

1992
Doublement du viaduc de Joinville-le-Pont, Val-de-Marne,
France. (Traitement architectural et acoustique du viaduc autoroutier
A86/A14 et aménagement urbain.)
JNEC.

1992
Réhabilitation et extension du centre hospitalier régional
et universitaire, Nîmes-Caremeau, France.
Concours.
JNEC.

1992
Aéroport de Cologne-Bonn, Allemagne.
Concours international.
JNEC.

1992
Réhabilitation d'une friche industrielle Sulzer-Aréal, Winterthur,
Suisse.
Concours, projet lauréat.
JNEC.

1992
Centre de culture et de congrès, Lucerne, Suisse. Deuxième projet.
JNEC.

1992
Bibliothèque et campus de Jussieu, Université de Paris 6, France.
Concours international.
JNEC.

1993
Seine rive gauche, Paris, France.
(Logements, bureaux, commerces, activités et équipements.)
Concours d'idées.
JNEC.

1993
Musée Gallo-romain, Périgueux, France.
(Aménagement d'une villa gallo-romaine : salles d'exposition, locaux
de recherche et de dépôts archéologiques, 3 400 m².)
Concours, projet lauréat.
JNEC.

1993-1997
Cité judiciaire, Nantes, France.
Concours, projet lauréat.
JNEC.

1991-1995
Mediapark Block 1, Köln, Deutschland.
(Büros, Hotel, Wohnungen, Geschäfte, Schule; 31 000 qm.)
Wettbewerb, preisgekröntes Projekt.
JNEC.

1991-1995
Cartier-Stiftung für moderne Kunst und Gesellschaftsstiz
von Cartier SA, Paris, Frankreich.
JNEC.

1991-1996
Galeries Lafayette, Berlin, Deutschland.
Wettbewerb, preisgekröntes Projekt.
JNEC.

1991
Mission Grand Axe Paris-La Défense, Paris, Frankreich.
Internationaler Wettbewerb.
JNEC.

1991
Workshop, Prag, Tschechien.
Ideen-Wettbewerb.
JNEC.

1991-1994
Dreieck der Bahnhöfe, Lille, Frankreich.
JNEC mit M. Paindavoine et associés.

1992
Jussieu, Universität Paris 6, Frankreich.
(Instandsetzung der Universitätsgebäude.)
JNEC.

1992
Verdoppelung der Talbrücke von Joinville-le-Pont, Val-de-Marne,
Frankreich. (Architektonische und akustische Behandlung der
Autobahn; A86/A14. Brücke sowie Städtebau.)
JNEC.

1992
Instandsetzung und Erweiterung des Regional- und
Universitätskrankenhauses, Nîmes-Caremeau, Frankreich.
Wettbewerb.
JNEC.

1992
Flugplatz Köln-Bonn, Deutschland.
Internationaler Wettbewerb.
JNEC.

1992
Instandsetzung des industriellen Brachlands Sulzer-Areal, Winterthur,
Schweiz.
Wettbewerb, preisgekröntes Projekt.
JNEC.

1992
Kultur- und Kongreßzentrum, Luzern, Schweiz. Zweites Projekt.
JNEC.

1992
Bibliothek und Campus von Jussieu, Universität Paris 6, Frankreich.
Internationaler Wettbewerb.
JNEC.

1993
Linkes Seine-Ufer, Paris, Frankreich.
(Wohnungne, Büros, Geschäfte, Aktivitäten und Einrichtungen.)
Ideen-Wettbewerb.
JNEC.

1993
Galloromanisches Museum, Périgueux, Frankreich.
(Ausstattung einer galloromanischen Villa: Räume für Ausstellungen,
Forschungen und archäologische Aufbewahrung, 3 400 qm.)
Wettbewerb, preisgekröntes Projekt.
JNEC.

1993-1997
Justizkomplex, Nantes, Frankreich.
Wettbewerb, preisgekröntes Projekt.
JNEC.

1991-1995
Mediapark Block 1, Cologne, Germany.
(333,250 sq. ft. including offices, hotel, housing, shops, school.)
Competition, prize-winning project.
JNEC.

1991-1995
Cartier SA headquarters and Cartier Foundation for
Contemporary Art, Paris, France.
JNEC.

1991-1996
Galeries Lafayette, Department Store, Berlin, Germany.
Competition, prize-winning project.
JNEC.

1991
Mission Grand Axe Paris-La Défense, Paris, France.
International Competition.
JNEC.

1991
Workshop, Prague, Czech Republic.
Concept Competition.
JNEC.

1991-1994
Triangle des Gares (Station Triangle), Lille, France.
JNEC with M. Paindavoine and Associates.

1992
Jussieu, University of Paris 6, France.
(University building renovation.)
JNEC.

1992
Doubling of Joinville-le-Pont Viaduct, Val-de-Marne,
France. (Architectural and acoustic treatment of A86/A14 motorway
viaduct and urban layout.)
JNEC.

1992
Renovation and extension of Regional University Hospital Centre,
Nîmes-Caremeau, France.
Competition.
JNEC.

1992
Cologne-Bonn Airport, Germany.
International Competition.
JNEC.

1992
Renovation of temporarily disused Sulzer-Areal industrial zone,
Winterthur, Switzerland.
Competition, prize-winning project.
JNEC.

1992
Cultural and Conference Centre, Luzern, Switzerland. Second Project.
JNEC.

1992
Jussieu Library and Campus, University of Paris 6, Paris, France.
International Competition.
JNEC.

1993
Seine Left Bank, Paris, France.
(Housing, offices, shops, activities and facilities.)
Concept Competition.
JNEC.

1993
Gallo-Roman Museum, Périgueux, France.
(Layout of a Gallo-Roman villa: exhibition rooms, research facilities
and archeological stores, 36,550 sq. ft.)
Competition, prize-winning project.
JNEC.

1993-1997
Law Centre, Nantes, France.
Competition, prize-winning project.
JNEC.

1994
Diagnostic et stratégie du site olympique, Sydney, Australia.
Architectures Jean Nouvel.
1995
Saitama Arena, Tokyo, Japon.
(Centre de spectacles et de sports.)
Concours.
Architectures Jean Nouvel.
1995
Exposition « Mesure », Cité des sciences et de l'industrie,
La Villette, Paris, France.
1995
Usine de production automobile, Sarreguemines, France.
Architectures Jean Nouvel.
1995
Fondation Cognacq-Jay, Rueil, France.
(Extension d'un foyer de personnes âgées.)
Architectures Jean Nouvel.
1995
Logements et bureaux, Bregenz, Autriche.
Architectures Jean Nouvel.
1995
Wien Gazometer, Vienne, Autriche.
(Logements et commerces.)
Architectures Jean Nouvel.
1995
Tenaga Nasional, Kuala Lumpur, Malaisie.
Concours.
Architectures Jean Nouvel.
1995
Ministère de la Culture, Paris, France.
Concours.
Architectures Jean Nouvel.
1995
Hôtel, Baden, Autriche.
Architectures Jean Nouvel.
1995
Magasin de sports, Paris, France.
Architectures Jean Nouvel.
1996
Musée, Séoul, Corée du Sud.
Architectures Jean Nouvel.
1996
Aéroport de Zurich, Suisse.
Concours international.
Architectures Jean Nouvel.
1996
Showroom, Séoul, Corée du Sud.
Architectures Jean Nouvel.
1996
Chambres d'hôtes, Séoul, Corée du Sud.
Architectures Jean Nouvel.
1996
Centre commercial, Prague Andel, République tchèque.
Architectures Jean Nouvel.
1996
Bureaux ING, Prague, République tchèque.
Architectures Jean Nouvel.
1996
Baltic House, Londres, Royaume-Uni.
(Bureaux.)
Architectures Jean Nouvel.
1996
Centre commercial, Namur, Belgique.
Architectures Jean Nouvel.

1994
Diagnose und Strategie des olympischen Geländes, Sidney, Australien.
Architectures Jean Nouvel.
1995
Saitama Arena, Tokio, Japan.
(Aufführungs- und Sportcenter.)
Wettbewerb.
Architectures Jean Nouvel.
1995
Ausstellung „Mesure", Cité des sciences et de l'industrie,
La Villette, Paris, France.
1995
Produktionsstätte für Autos, Sarreguemines, Frankreich.
Architectures Jean Nouvel.
1995
Fondation Cognacq-Jay, Rueil, France.
(Vergrößerung eines Altenheimes.)
Architectures Jean Nouvel.
1995
Wohnungen und Büros, Bregenz, Österreich.
Architectures Jean Nouvel.
1995
Wien Gasometer, Wien, Österreich.
(Wohnungen und Geshäfte.)
Architectures Jean Nouvel.
1995
Tenaga Nasional, Kuala Lumpur, Malaysia.
Wettbewerb.
Architectures Jean Nouvel.
1995
Kulturministerium, Paris, Frankreich.
Wettbewerb.
Architectures Jean Nouvel.
1995
Hotel, Baden, Österreich.
Architectures Jean Nouvel.
1995
Sportgeschäft, Paris, Frankreich.
Architectures Jean Nouvel.
1996
Museum, Seoul, Korea.
Architectures Jean Nouvel.
1996
Flugplatz Zürich, Schweiz.
Internationaler Wettbewerb.
Architectures Jean Nouvel.
1996
Showroom, Seoul, Korea.
Architectures Jean Nouvel.
1996
Gästehaus, Seoul, Korea.
Architectures Jean Nouvel.
1996
Einkaufszentrum, Prag Andel, Tschechien.
Architectures Jean Nouvel.
1996
ING-Büros, Prag, Tschechien.
Architectures Jean Nouvel.
1996
Baltic House, London, Großbritannien.
(Büros.)
Architectures Jean Nouvel.
1996
Einkaufszentrum, Namur, Belgien.
Architectures Jean Nouvel.

1994
Diagnosis and strategic assessment, Olympic Site, Sydney, Australia.
Architectures Jean Nouvel.
1995
Saitama Arena, Tokyo, Japan.
(Entertainment and Sports Centre.)
Competition.
Architectures Jean Nouvel.
1995
"Mesure" ("Measurement") Exhibition, Cité des sciences
et de l'industrie, La Villette, Paris, France.
1995
Cars Production Facility, Sarreguemines, France.
Architectures Jean Nouvel.
1995
Cognacq-Jay Foundation, Rueil, France.
(Retirment Home extension.)
Architectures Jean Nouvel.
1995
Housing and offices, Brengenz, Austria.
Architectures Jean Nouvel.
1995
Wien Gazometer, Vienna, Austria.
(Housing and shops.)
Architectures Jean Nouvel.
1995
Tenaga Nasional, Kuala Lumpur, Malaysia.
Competition.
Architectures Jean Nouvel.
1995
Ministry of Culture, Paris, France.
Competition.
Architectures Jean Nouvel.
1995
Hotel, Baden, Austria.
Architectures Jean Nouvel.
1995
Sports shop, Paris, France.
Architectures Jean Nouvel.
1996
Museum, Seoul, South Korea.
Architectures Jean Nouvel.
1996
Zurich Airport, Zurich, Switzerland.
International Competition.
Architectures Jean Nouvel.
1996
Showroom, Seoul, South Korea.
Architectures Jean Nouvel.
1996
Guest rooms, Seoul, South Korea.
Architectures Jean Nouvel.
1996
Shopping Mall, Prague Andel, Czech Republic.
Architectures Jean Nouvel.
1996
ING Offices, Prague, Czech Republic.
Architectures Jean Nouvel.
1996
Baltic House, London, United Kingdom.
(Offices.)
Architectures Jean Nouvel.
1996
Shopping Mall, Namur, Belgium.
Architectures Jean Nouvel.

Biographie
Biographie
Biography

1945
Né à Fumel (Lot-et-Garonne)
Geboren in Fumel (Lot-et-Garonne)
Born in Fumel (Lot-et-Garonne)
1972
Diplôme DPLG
Architekturdiplom DPLG
DPLG Architecture Diploma
1983
Chevalier des Arts et des Lettres
Docteur « Honoris Causa » de l'Université de Buenos Aires
Doktor Honoris Causa des Universität von Buenos Aires
Doctor Honoris Causa, University of Buenos Aires
1987
Chevalier de l'Ordre du Mérite
1993
Honorary fellow, AIA Chicago (American Institute of Architects)
1995
Honorary fellow, RIBA (Royal Institute of British Architects)

1970-1972
Jean Nouvel et François Seigneur
1972-1984
Jean Nouvel, Gilbert Lézénès, Pierre Soria
1984-1989
Jean Nouvel et associés (Jean Nouvel et Jean-Marc Ibos, Myrto Vitart, Emmanuel Blamont)
1989-1994
JNEC (Jean Nouvel et Emmanuel Cattani)
1994
Architectures Jean Nouvel

Architectes associés
Partner-Architekten
Associate Architects

Dominique Alba, Archigroup, Architecture Studio, François Baltéra, Sophie Berthelier, Emmanuel Blamont, Frédéric Chambon, Claude Chavarot, Gérard Chiodo, Patrick Colombier, Laurence Daude, Philippe Fichet, Jean-François Guyot, Christian Hauvette, Hossein Hedayati, Jacques Hondelatte, Jean-Marc Ibos, Didier Laroque, Yann Lecoq, Gilbert Lézénès, Dominique Lyon, Éric Maria, Jean-Claude Mercier, Frédérique Monjalet, Jean-Rémi Negre, Marc Paindavoine et associés, Françoise Raynaud, Jean-Jacques Raynaud, François Renier, Adeline Rispal, Philippe Roux, François Seigneur, Pierre Soria, Philippe Starck, Dominique Tissier, Benoît Tribouillet, Myrto Vitart.

Architectes assistants
Assistenten
Assistant Architects

Joëlle Achache, Isabelle Agostini, D. Airaudo, Dario Angulo, Pierre Auffan, Jean-Pierre Baillon, Marie-France Baldran, Marie-Hélène Baldran, Christian Basset, Olga Bauer, Ralph Baumann, A. Baz, Istvan Bede, Roger Berna, Laurent Benkemoun, Laurent Besançon, Pierre du Besset, Isabelle Biro, Jean-Luc Birzin, Catherine Bluwal, Pierre-André Bohnet, Anne Bon, Philippe Bona, Catherine Bonnier, Bruno Borrione, Jean-Pierre Bouanha, Alexis Boucher, Édouard Boucher, Philippe Boucher, Philippe Boudin, Gilles Bouqueton, Jean-François

Bourdet, Tarek Bouzbid, Mathilde Brasillier, Didier Bruault, Arnaud de Bussière, Philippe Capelier, Sandro Carbone, Lucinei Caroso, J. -P. Carrère, Sébastien Casse, Chaouki Chahwan, Jérôme Chapelet-Letourneux, Sylvie Chirat, Manolis Choupis, Marion Cloarec, Emmanuel Combarel, Franca Comalini, Tania Concko, Thierry Coquet, Thomas Corbasson, Patrick Cosmao, Pedro Costa, Timothy Culbert, François Cusson, Michel Debbas, Pascal Debard, Matthew Defty, Anne-Marie Delangle, Nicolas Depoutot, Yannick Denoual, Pascal Desplanques, F. Devenoge, Marine Donda, Gunther Domenig, Bruno Dubois, Catherine Dormoy, Nathalie Dupont, Laurent Duport, Arnaud Dusapin, Hiram Duyvestijn, Stacy Eisenberg, Blaise Ekodo, Mounir El-Hawat, Reenie Elliott, Serge Eloire, Catherine Engels, Sylvie Erart, Jean Falize, Ghada Fares, Saïd Farhat, François Fauconnet, Anne Forgia, M. Feigelson, B. Feinte, Saskia Fokkeman, P. Folliesson, Tristan Fourtine, C. Franck, Frigo, Pierre Gautier, Christian de Geer, Fabienne Gérin-Jean, Daniel Gillardon, Alain Gillet, Jean-Philippe Godin, Daniel Guetta, Isabelle Guillauic, Reinhard Groscurth, Diane Grunert, Greg Hall, Albert Hamm, Marie-Laure Hébert, Vincent Hubert, Helmut Huttor, Emmanuelle Ilick, Yves Issermann, Yanni Jihan Jacobucci, Pierre-Martin Jacot, Éric Jansen, Sophie Jaubertie, Didier Josselin, G. Karlhofert, Wolfgang Keuthage, Zeïna Khawan, Kim, H. Kobler, Radek Kolarik, Radin Kousal, Wolfgang Kruse, Xavier Lagurgue, Pascale Laidet, Anne Lambrich, Emiel Lamers, Marika Larde, Catherine Lauvray, F. Lebretm, Emmanuelle Le Chevallier, David Leclerc, Pierre Leclerc, Damien Lecuyer, Marc Lemarié, Didier Leneveu, Alan Mack, B. Mader, Philippe Maffre, Magnaval, Piotr Malack, Christian Male, Jean-Louis Maniaque, Danielle Mantelin, Thierry Marco, Dominique Marrec, Alexis Martinez, François Marzelle, Philippe Mathieu, Éric Masserand, Guido Maurizio, Bernard Mazeron, Federico Mazotto, David McIlnay, Alberto Medem, Ingrid Menon, Brigitte Métra, Nathalie Miegeville, Fabrice Millet, Pierre Monmarson, Zoé Monro, Kazutoshi Morita, Viviane Morteau, Elisabeth Mouchon, Walter Musacchi, Frédéric Neubauer, Guillaume Neuhaus, Nathalie NG, Laurent Niget, James Noble, Mojane Nouban, Blaise Okobe, Jacqueline Osty, Brigitte Pacaud, Éric Pajot, Jean-François Parent, Véronique Parent, Julie Parmentier, Alain Pélissier, Roland Pellerin, Michel Pennes, Victoria Perry, Luc Peyronnel, Philippe Phi, Jean-Paul Planchon, Agnès Plumet, Guillaume Potel, Éric Pouget, Massimo Quendolo, Nina Quesnel, Mathias Raasch, Raphaël, Steeve Ray, Antoinette Robain, Stéphane Robert, Markus Rœthlisberger, Nathalie Rosot, Alexiane Rossi, Steeve Roy, Anette Rudolph, Cyril Ruiz, Joël Rutten, Barbara Salin, Pierre-Yves Schülz, Samantha Scott, Michel Seban, Jean-Mari Seite, Patrick Senne, Christian Severin, Anne-Isabelle Sigros, Judith Simon, Samuel Singer, Elisabeth Sire, Anne Steichen, Séverine Stoffel, Jiri Stritecky, Myriam Szwarc, Martial Thomas, Sophie Thomas, Jonathan Thornhill, Olivier Touraine, Laurent Touray, Louis Tournoux, C. Trebeljahr, Frédérique Valette, Jean-Pierre Vallier, Jim Van Cooten, Niki Van Osten, Alexandre Vaucher, Pierre Verger, Valérie Véron-Durant, Arnaud Villard, Robert Vincent, Fabrice Viney, Charles Voyatsis, Hala Warde, Andrew Watts, Nicole Weber, Beth Weinsten, Richard Wesley-James, Suzan Wines, André Winniki, S. Wong, Antoine Younan, Suzanne Zottl.

Consultants
Berater
Consutants

ABCD Claude Mollard, François Barré, André Bellaguet, Jean-Louis Besnard, Talya Bigio, Ricardo Blanco, Olivier Boissière, Pierre Bon, Philippe Boudin, Michel Bouye, Arnaud de Bussière, Jean-Marc Casso, Gaston Cathiard, Pierre Chamorel, Marc Chauveinc, Alain Cousseran, André Désenfant, Odile Fillion, Jean Fraval, Louis Fruitet, Mme Funck, Albert Giry, Gilbert Grandguillaume, Groupe Henri Azuelo, Richard Guerry, Henri Hudrizier, Robert Jan Van, Martine Jouando, Ingénierie Khephren, Yves de Kish, Ivo Krstulovic, M. Landais, Bernard Lassus, Bruno Lefloch, Jacques Le Marquet, Bertrand Lemoult, Jacqueline Leroy, E. Leyge, Philippe Michel,

Mme Moureau, Mme Mouro, Yves Mourousi, Christiane Naffah, Pierre Nora, Michel Permes, Luc Peyronnel, Jacques Pfeiffer, Jean-Marc Poinsot, Roland Russier, Jean-Pierre Sakoun, Mme Sauvage Riquier Frider Schnock, Christiane Schmückle-Mollard, L. de Ségonzac, Seir (Gérard Fisher), Specif, Bernard Stiegler, Yves Streith, Martial Thomas, Dominique Tissier, Hubert Tonka, Hervé Vermesch, Jean Villette, Éric Vivie, Werbebecker Blis (Edgar Kung), Ahmed Zaidan Ziyad.

Maquettistes
Modellbauer
Model Designers

Are Volume (Rod Marawi), E. Chicaez, Éric Deleuze, Philippe Dubois, Jacques Fiore, Étienne Follenfant, Jean-Michel Françoise, Philippe Gigodot, Michel Goudin, Philippe Goudin, Iliox (Zab Chipot, Alexi Bori), P. Pasquelin, Gérard Voix.

Graphistes
Grafiker
Graphic Designer

Nathalie Battesti, Dan Benesch, Nathalie Blanc, Alexis Boucher, Valérie Chazel, Hélène Coujolle, Jean-Louis Depaz, Delphine Descudet, Arnold Goron, Pierre-Martin Jacot, O. Lepere, François Lolichon, Thierry Marchive, Sabine Rosant, Stéphanie Schneiter, Anne Steichen, Olivier Tossan.

Artistes
Künstler
Artists

Bernard Barto, Clothilde Barto, Alain Bony, Anne Frémy, Gary Glaser Pierre-Martin Jacot, Yann Kersalé, François Seigneur.

Acousticiens
Akustiker
Acousticians

Michel Armagnac, Artec-Russel Johnson, Peutz & associés (S. Mercier), Éric Vivié.

Perspectivistes
Perspektivzeichner
Perspective Designers

Atelier 7, Attentat à la couleur, Armand Bédrossian, Antoine Bunonomo, Jean-Christophe Choblet, Hervé Dubois, Didier Ghislain, Olivier Gorget, M. -J. Grillot, Laurent Hochberg, Jonathan Knight, Vincent Lafont, Patrice Lagrange, Cyrille Nomberg, David Toppani, Fabrice Viney.

Paysagistes
Landschaftsplaner
Landscape Designers

Agence Ter (Henri Bava, Michel Hœssler, Olivier Philippe), Isabelle Auriscote, Yves Brunier, Olivier Chardin, Jean-Claude Hardy, Ingénieurs et Paysages, Alain Richert.

Imprimé en Italie
by OFFSET PRINT VENETA
Verona